Anonymous

Katechismus über Kaiser Josephs II. Gesetz von Verbrechen und Vestrafung

Anonymous

Katechismus über Kaiser Josephs II. Gesetz von Verbrechen und Vestrafung

ISBN/EAN: 9783744609951

Hergestellt in Europa, USA, Kanada, Australien, Japan

Cover: Foto ©ninafisch / pixelio.de

Weitere Bücher finden Sie auf **www.hansebooks.com**

Katechismus

über

Kaiser Josephs II.

Gesetz

von

Verbrechen

und

berselben Bestrafung.

Wien,

bei Anton Gassler,

1787.

Erster Theil.

Von den
Kriminalverbrechen und Kriminal-
strafen.

Von

Kriminalverbrechen überhaupt.

F. Was ist ein Verbrechen überhaupt?

A. Ein Verbrechen überhaupt ist
eine freye Handlung oder Unterlassung, die
den landesfürstlichen Strafgesetzen zuwider
ist. Wer also das thut, was der Landesfürst bei Strafe verbietet, oder das unter-
läßt, was der Landesfürst bei Strafe zu
thun gebietet, der begeht ein Verbrechen.

A   Wie.

F. Wievielfach sind die Verbrechen?

U. Die Verbrechen sind entweder Kriminal- oder politische Verbrechen.

F. Was ist ein Kriminalverbrechen?

U. Ein Kriminalverbrechen ist nur dasjenige, welches durch das neue Strafgesetz als ein solches erkläret worden: Alle übrigen sind politische Verbrechen.

F. Was gehört zu einem Kriminalverbrechen?

U. Zu einem Kriminalverbrechen gehört böser Vorsatz und freyer Wille.

F. Wann ist dieser böse Vorsatz und freye Wille vorhanden?

U. Dieser böse Vorsatz und freye Wille ist vorhanden, wenn vor, oder bei der gesetzwidrigen Unternehmung oder Unterlassung das Uibel, welches daraus folgt, überdacht und beschlossen worden, das heißt, wenn man die gesetzwidrige Handlung eigens in der Absicht verübet hat, damit das Uibel erfolge, z. B. da jemand eigens in der Absicht nach jemanden sticht, damit dieser sterbe.

F. Wann ist der böse Vorsatz noch ferner vorhanden?

U. Der böse Vorsatz ist noch ferner vorhanden, wenn zwar der Thäter das nem-

lche

liche Uibel, welches erfolgt ist, nicht gewollt, aber doch aus einer anderen bösen
Absicht eine Handlung unternommen hat,
aus welcher das Uibel gemeiniglich zu folgen pflegt, oder doch leicht folgen kann.
Z. B. jemand will den anderen nur schwer
verwunden, und dieser stirbt an der Wunde,
so kann man sagen, die Mordthat sey mit
Vorsatz begangen worden, denn der Thäter hat leicht vorhersehen können, daß eine
schwere und gefährliche Verwundung den
Tod nach sich ziehen werde.

F. Ist jener ein Kriminalverbrecher, der
aus blosser Nachlässigkeit, oder Unvorsichtigkeit eine Uibelthat begeht?

A. Nein, weil er keinen bösen Vorsatz gehabt hat, sondern das Uibel nur aus
seiner Nachlässigkeit, ohne daß er es eigens
gewollt hat, entsprungen ist. Z. B. wer
auf einem Boden, wo viele brennbare Sachen sind, ein freies Licht stehen läßt, und
dadurch einen Brand entstehen macht, der
wird zwar als ein politischer Verbrecher
bestrafet, doch kann ihm deßwegen kein Kriminalverbrechen zur Last gelegt werden.

F. Begeht jener ein Kriminalverbrechen,
der weder mit bösem Vorsatz, noch aus

Nach-

Nachlässigkeit, sondern durch blossen
Zufall schadet?

A. Nein, sondern er ist gänzlich
straffrey, weil er nicht für den blossen Zufall kann. Z. B. ein Barbier wird unter
dem Barbieren unversehens von einem Hunde
dergestalt gestossen, daß er mir die Gurgel
abschneidet, so wäre es Ungerechtigkeit,
wenn man ihn strafen wollte, denn weder
hat er mir mit Vorsatz, weder aus seiner
Schuld und Nachlässigkeit die Gurgel abgeschnitten.

F. Kann ein Unsinniger, der des Ge-
brauches der Vernunft gänzlich beraubt
ist, ein Kriminalverbrechen begehen?

A. Keineswegs, denn da er nicht weis,
was er thut, ist er keines bösen Vorsatzes
fähig, er hat keinen freyen Willen, der doch
zu einem Kriminalverbrechen erfodert wird.

F. Wie, wenn jemand nur zu Zeiten
wahnwitzig ist, und die That in der
Zeit, da die Sinnenverrückung dauer-
te, begangen hat?

A. So wird er auch aus Abgang des
freyen Willens von der Anschuldigung eines
Kriminalverbrechens losgesprochen.

F. Wenn jemand eine Uibelthat in der
Trunkenheit begangen hat, kann er
dafür bestrafet werden?   Man

A. Man muß hier folgenden Unterschied machen: Iſt die Trunkenheit zufällig und ohne Abſicht auf das Verbrechen zugezogen worden, iſt ſie ſo ſtark, daß ſie den Gebrauch der Vernunft gänzlich raubet, ſo kann auch derjenige, der in dieſem Zuſtand eine Uebelthat begeht, nicht beſtrafet werden; iſt aber die Trunkenheit nicht zufällig, ſo entſchuldiget ſie auch nicht von dem Verbrechen und der Strafe, nur wird die Strafe in etwas gelindert; hätte ſich endlich jemand die Trunkenheit vorſätzlich, und in Abſicht auf das Verbrechen zugezogen, ſo würde die Strafe noch verſchärfet. Z. B. Man ſetzt mir in einem Orte ein Getränk vor, das ich nicht kenne, durch deſſen Genuß ich aber ſo ſehr berauſcht werde, daß ich gänzlich von Sinnen komme, in dieſem Zuſtande ermorde ich jemanden, ſo bin ich ganz ſtraffrey, denn hätte ich die Kräfte dieſes Getränkes gewußt, ſo würde ich es nicht genoſſen haben; geſetzt aber, ich hätte mich zwar ohne Abſicht, ein Verbrechen zu begehen, jedoch freywillig berauſchet, da ich die Kräfte des Getränkes, z. B. des Weines kannte, und auch wußte, wie viel ich ertragen könne, und in dem Zuſtande hätte ich jemanden ermordet, ſo werde ich zwar

als

als Mörder bestrafet, doch ist diese Berauschung ein in etwas lindernder Umstand; hätte ich endlich mich vorsäzlich berauschet,
um die Mordthat, die ich schon vor der
Berauschung beschlossen hatte, mit grösse-
rem Muth zu begehen, so wird die Strafe
dieses Umstandes wegen noch verschärfet.

F. Wie alt muß jemand seyn, um ein
Kriminalverbrechen zu begehen?

A. Wenigstens zwölf Jahre; Kinder
unter zwölf Jahren also können zwar poli-
tisch, nicht aber kriminalisch untersucht,
und bestrafet werden.

F. Wie, wenn jemand durch unwiderstehliche Gewalt zu einer gesetzwidrigen
Unternehmung gezwungen worden?

A. So begeht er kein Kriminalverbrechen, weil Zwang und unwiderstehliche
Gewalt den freyen Willen ausschließen. Z.B.
wenn jemand, der viel stärker ist, als ich,
meine Hand, in der ich den Dolch halte,
mit Gewalt gegen die Brust eines anderen
wendet, so bin nicht ich, sondern es ist derjenige, der mich gezwungen hat, als Mörder zu betrachten.

F. Wenn jemand ein Verbrechen aus
Irrthum begangen hat, kann er dafür bestrafet werden?

Wäre

A. Wäre der Irrthum so beschaffen, daß dem Thäter der Irrung selbst wegen keine Schuld beigemessen werden kann, und hätte der Thäter ohne diesen Irrthum auf erlaubte Art gehandelt, so könnte dieser aus Abgang des freyen Willens nicht bestrafet werden. Z. B. mein Nachbar, den jedermann für den rechtschaffensten Mann hält, kömmt zu mir, und bittet mich, ihm zu erlauben, daß er seinen Reisekoffer in mein Zimmer stellen dürfe, ich nehme keinen Anstand, ihm seine Bitte zu gewähren, er bringt auch den Koffer wirklich zu mir, indessen wird entdeckt, daß eben dieser Mann den Koffer samt den darinn befindlichen Sachen auf der Straße von einem Wagen abgeschnitten habe; mein Nachbar wird zu Verhaft gebracht, und gesteht bei Gericht, daß ich den Koffer in meiner Aufbewahrung habe, so kann ich nicht als Diebsverheeler angesehen und bestrafet werden, denn ich war im Irrthum, daß der Koffer meinem Nachbar gehöre, und hätte ich gewußt, daß er gestohlen sey, so würde ich ihn nie aufgehalten haben.

F. Kann man auch an Uibelthätern, an Unsinnigen, an Kindern, an Schlafenden ein Verbrechen begehen?

Ja,

A. Ja, denn das Verbrechen ist stets
aus der Bosheit des Thäters, nicht aus der
Beschaffenheit und den Umständen des Beleidigten zu entnehmen. Z. B. es ist einerlei,
ob ich einen Uebelthäter, oder einen recht-
schaffenen Mann, einen Menschen bei ge-
sunder Vernunft, oder einen Unsinnigen,
einen Erwachsenen, oder ein Kind, einen
Wachenden, oder einen Schlafenden bestehle.

F. Wie aber, wenn jemand seinen Schaden und Untergang selbst verlangte,
z. B. wenn jemand mich bäte, daß ich
ihn ermorden, oder verstimmeln solle?

A. So darf ich es doch nicht thun,
denn der andere hat kein Recht, so was von
mir zu verlangen, er ist selbst schuldig seinen
Leib, und die Gliedmaßen desselben zu erhalten, also kann er mir nicht erlauben,
ihn zu ermorden oder zu verstümmeln.

F. Gesetzt aber, jemand sagte, wenn du
zur Nachtszeit durch das Fenster in
mein Zimmer kömmst, ohne daß ich
wach werde, so kannst du alles nehmen,
was sich darinn befindet, begehe ich
alsdann einen Diebstahl, wenn ich
durch das Fenster einsteige, und da der
andere nicht wach wird, alles mit mir
nehme?

Nein

A. Nein, denn der andere ist Herr von seinen Sachen, er kann mir sie schenken, also kann er mir sie auch unter dieser Bedingniß überlassen, wenn ich zur Nachtszeit durch das Fenster in sein Zimmer komme, ohne ihn zu wecken.

F. Ist nur derjenige für einen Verbrecher zu halten, der eine That selbst und unmittelbar vollbringt?

A. Nein, sondern auch die Mitwirkung macht jemanden eines Verbrechens schuldig, wenn er gleich die That nicht selbst unmittelbar begangen hat.

F. Auf welche Art geschieht aber die Mitwirkung?

A. Die Mitwirkung geschieht, wenn jemand aus bösem Vorsatz und freyem Willen durch Befehl, Anrathen, Belobung, Unterricht, Vorschub, oder was sonst zu der erfolgten Missethat Veranlassung und Ursache gegeben, oder zur Zeit der verübten Missethat auf was immer für eine Art dazu Hilfe leistet, oder auch nur zur sicherern Vollstreckung der That beiträgt. Z. B. nicht nur jener ist ein Dieb, der wirklich selbst bei einem Hause einsteigt, und die darinn befindlichen Sachen entfremdet, sondern es macht sich dieses Diebstahles auch jener schul-

schuldig, der bei Seite auf der Passe steht, damit ersterer seine That desto sicherer zu Stande bringen könne.

F. Gesetzt aber es hätte jemand, nachdem die That schon vollzogen war, dem Thäter Hilfe und Beistand geleistet, oder von der ihm bekannt gewordenen Missethat Gewinn und Vortheil gezogen?

A. So kann er nicht mehr als Mitschuldiger der schon verübten Missethat angesehen werden, ob er sich gleich dadurch eines eigenen und ganz besonderen Verbrechens schuldig macht, daß er wissentlich schlechten Leuten mit Hilfe und Beistand beförderlich ist. Z. B. Ein Dieb, der ohne mein Wissen irgendwo gestohlen hat, kömmt zu mir, und bittet mich, die gestohlenen Sachen in meinem Hause zu verbergen, ich verspreche ihm dieses gegen einen gewissen Antheil an dem gestohlenen Gut, so bin ich zwar an dem ohne mein Wissen von dem anderen begangenen Diebstahle nicht mitschuldig, aber ich begehe ein neues Verbrechen, daß ich gestohlene Sachen wissentlich in meinem Hause verberge. Ein anderes wäre, wenn ich mich mit dem Thäter noch vor verübter Missethat verabredet hätte,

Hätte, daß ich ihm hernach verhilflich seyn werde, wenn er mich an dem Gewinn Antheil nehmen läßt, denn hier machte ich mich auch des von dem anderen begangenen Verbrechens mitschuldig. Z.B. ein Bekannter kömmt zu mir, und sagt mir im Vertrauen, daß er jemanden bestehlen wolle, doch wisse er nicht, wo er nach begangener That das gestohlene Gut verbergen solle, ich antworte ihm, daß er es in mein Haus bringen könne, wenn er mir auch einige Stücke davon zur Belohnung überläßt; er geht nun fort, begeht den Diebstahl, und kömmt mit dem gestohlenen Gut zurück, so bin ich an dem begangenen Diebstahl mitschuldig, wenn ich gleich keinen Schritt außer mein Haus gemacht habe, denn meine Pflicht wäre gewesen, ihn von der That abzuhalten, und nicht noch mehr dadurch zu bestärken, weil er weis, daß er das Gestohlene sicher bei mir verbergen kann.

F. Wie aber wenn er mir hernach von dem gestohlenen Gute den versprochenen Antheil nicht gäbe, sondern alles sich allein zueignete?

A. Den   chtet bin ich an dem Diebstahle ·   nn meine Absicht
war

war immer ſchlecht, ich zeigte böſen Vorſatz und hatte freyen Willen, und es wäre
leicht in meinem Vermögen geſtanden, ihn
von der That abzuhalten. Gleichwie alſo
derjenige, der einen andern beſtohlen hat,
immer der Dieb bleibt, wenn ihm auch
das geſtohlene Gut wieder von einem
Dritten geraubt wird, eben ſo bin ich im
vorigen Falle immer an dem Diebſtahl mit-
ſchuldig, wenn mich gleich der Dieb nur um
den verſprochenen Lohn betrügt.

F. Iſt der Gedanke und das innere böſe
    Vorhaben, ein Verbrechen zu begehen,
    ſchon ein Kriminalverbrechen?

    A. Der Gedanke und das innere
böſe Vorhaben allein iſt noch kein Kriminalverbrechen, indeſſen wird doch zu einem
Verbrechen nicht erfodert, daß die Uebelthat wirklich ausgeführet werde. Denn
wenn jemand ein Kriminalverbrechen auch
nur verſucht, und ſein böſes Vorhaben
durch ein äußeres Kennzeichen und eine
Handlung an Tag gelegt hat, wenn er
dann nicht aus eigener Reue abgeſtanden,
ſondern durch Zufall oder andere Hinder-
niſſe abgeſchreckt worden iſt, ſo hat er ſich
dieſes Kriminalverbrechens ſchuldig ge-
                      macht.

macht. Z. B. Ich komme nach Hause, und
bemerke, daß meine Stubenthüre offen
steht, beim Eintritt in die Stube sehe ich
einen Menschen, der viele meiner Geräthschaften nur zum Forttragen bereitet hat,
jedoch durch meine Ankunft abgeschrecket
wurde, so kann man nicht sagen, er
habe mich schon wirklich bestohlen, dem
ungeachtet hat er sich eines Diebstahles
schuldig gemacht, denn er hatte bösen
Vorsatz und freyen Willen, und es war
nicht seine eigene Reue, sondern ein fremdes Hinderniß, nemlich meine Ankunft
Ursache, daß der Diebstahl nicht vollbracht worden ist.

Von Kriminalstrafen.

F. Was ist eine Strafe?

A. Eine Strafe ist ein Uibel, welches der Landesfürst auf gewisse dem allgemeinen Besten schädliche Handlungen setzt,
damit dieselben nicht begangen werden.

F. Zu welchem Endzwecke straft der Landesfürst?

A. Der Landesfürst straft überhaupt
zu einem doppelten Endzwecke: 1. den Ver-
bre-

brecher zu beſſern, 2. bei anderen ſeines
gleichen ein Beiſpiel zu geben, und durch
dieſes beides die allgemeine Ruhe und Sicherheit zu ſchützen. Bei Todes- oder lebenslänglichen Strafen wird nicht mehr
auf die Beſſerung des Verbrechers, ſondern
bloß auf das einleuchtende Beiſpiel geſehen.

F. Wann wird die Kriminalſtrafe vollzogen?

A. Die Kriminalſtrafe wird vollzogen,
wann das Verbrechen entdeckt und bewie-
ſen iſt.

F. Von welchem Richter kann die Kriminalſtrafe verhängt werden?

A. Die Kriminalſtrafe kann nur von
jenem Richter verhängt werden, dem die Kri-
minalgerichtsbarkeit eingeräumet iſt.

F. Wie aber, wenn ein Verbrecher wegen
einer Miſſethat von einem unbefugten
Richter beſtrafet worden wäre?

A. So kann er wegen der nemlichen
Miſſethat von dem eignen Kriminalrichter
nur dann noch einmal mit einer Strafe belegt werden, wann die erſte Strafe nicht
nach Vorſchrift des Geſetzes, und nicht im
Verhältniße mit der Miſſethat zuerkennet
geweſen iſt. Aber auch in dieſem Falle
hat der Kriminalrichter bei Verhängung

der

der gesetzmässigen Strafe auf die bereits aus-
gestandene Rücksicht zu nehmen.

F. Wie, wenn ein Verbrecher mehrere,
verschiedene Missethaten begangen
hat?

A. So wird er nach dem schweresten
Verbrechen, welches er begangen hat, bestrafet, und diese Strafe wird in Ansehung
der übrigen geringeren Verbrechen noch verschärfet. Z. B. jemand hat einen Meuchel-
mord und einen Diebstahl begangen, so wird
ihm die Strafe des Meuchelmordes zuerkennet, und selbe wegen des Diebstahles noch
durch andere Strafzusätze verschärfet.

F. Wen trifft die Strafe?

A. Die Strafe trifft nur den Verbrecher, und Theilnehmer oder Mitschuldigen,
nicht deren unschuldige Weiber, Kinder,
Verwandte, Erben, oder einen Dritten,
der an der Missethat keinen Antheil genommen hat.

F. Was ist zu thun, wenn ein Verbrecher sich verborgen hält, oder die
Flucht ergriffen hat, oder durch seinen Tod dem Arme der Gerechtigkeit
entzogen worden ist?

A. So kann bei Verbrechen, die gros-
ses Aufsehen und Aergerniß erwecken, oder

bei

bei welchen die Straflosigkeit weitere schädliche Folgen besorgen ließe, das Strafurtheil auch an dem Abwesenden oder Tod-
ten auf folgende Art vollzogen werden: Der
Name des Verbrechers, die begangene
Missethat, und das hierauf erfolgte Kriminalurtheil werden in einer Anzeige an den
Galgen geschlagen, und allgemein durch
öffentliche Zeitungsblätter bekannt gemacht.
F. Muß derjenige, der seines Verbrechens halber bestrafet worden, dennoch den zugefügten Schaden ersetzen,
z. B. muß der Dieb, wenn er schon
abgestrafet worden, dennoch das gestohlene Gut zurückstellen, oder, wenn
dieses nicht mehr vorhanden ist, den
Schaden auf andere Art gut machen?

A. Allerdings, denn der Ersatz ist
keine Strafe, er fließt aus der Natur der
Beleidigung selbst, daher hat der Beleidigte
immer das Recht, seine Entschädigung an
dem Verbrecher oder dessen Erben zu suchen,
ausgenommen er hätte an dem Verbrechen
selbst Antheil genommen, und es wäre auf
die Antheilnehmung nach dem neuen Strafgesetz der Verlust dieser Rechte ausdrücklich
gesetzt.

Hat

F. Hat die Todesſtrafe nach dem neuen
Strafgeſetz Platz?

A. Die Todesſtrafe hat nach dem
neuen Strafgeſetz nur in ſtandrechtlichen
Fällen Platz, und iſt allezeit der Strang.

F. Was iſt aber das ſtandrechtliche Verfahren?

A. Das ſtandrechtliche Verfahren iſt,
wo der Richter ganz kurz, ohne alle Um-
ſchweife, bloß mit Beobachtung des We-
ſentlichen wider den Verbrecher fürgeht.

F. Wie wird die Strafe des Stranges
vollzogen?

A. Die Strafe des Stranges wird auf
folgende Art vollzogen: Der zum Strange
verurtheilte Verbrecher wird gehangen, er-
droſſelt, und ihm die ordentliche Begrabung
verſagt. Des Verbrechers Körper, nachdem
er dem Volke zum Beiſpiele 12 Stunden
hangen geblieben, iſt ohne Gepränge, oder
Begleitung, wo es ſeyn kann, neben dem
Richtplatz einzuſcharren.

F. Welche ſind die weiteren Kriminalſtrafen, die das neue Strafgeſetz für
die Zukunft beſtimmet hat?

A. Die weiteren Kriminalſtrafen ſind
folgende:

B   I.

1. Anschmiedung,
2. Gefängniß mit öffentlicher Arbeit,
3. Gefängniß ohne öffentliche Arbeit,
4. Stock = Karbatsch = und Ruthenstreiche,
5. Ausstellung auf der Schandbühne.

Und können die drey ersteren Strafen entweder durch die längere Dauer, oder durch andere Strafzusätze, z. B. durch Schläge, Fasten u. dergl. verschärfet werden.

F. Welche Strafen können mit der öffentlichen Brandmarkung verschärfet werden?

A. Mit der öffentlichen Brandmarkung können nur die lebenslänglichen Strafen verschärfet werden, denn würde man jemanden, der nur auf einige Zeit, z. B. zum Gefängniß oder zur öffentlichen Arbeit verurtheilet worden, mit der öffentlichen Brandmarkung belegen, so hienge ihm nach ausgestandener Strafe dieser Mackel an, er würde von jedermann erkennet, dadurch in seinem ehrlichen Fortkommen gestöhret, und solchergestalt gleichsam zu neuen Verbrechen eingeladen.

F. Wie wird die öffentliche Brandmarkung vollzogen?

Die

A. Die öffentliche Brandmarkung wird auf folgende Art vollzogen: Dem hiezu verurtheilten Verbrecher ist beim Eintritte in seine Strafe öffentlich auf beiden Wangen das Zeichen eines Galgens kennbar und so einzuschröpfen, daß es weder durch die Zeit, noch auf andere Art verlöschet werden kann.

F. Worinn besteht die Strafe der Anschmiedung?

A. Die Strafe der Anschmiedung besteht darinn: Der Verbrecher wird im schweren Gefängnisse gehalten, und dermaßen enge angekettet, daß ihm nur zur unentbehrlichsten Bewegung des Körpers Raum gelassen wird. Der zur Anschmiedung verurtheilte Verbrecher wird überdieß noch alle Jahre zum öffentlichen Beispiele mit Streichen gezüchtiget.

F. Was für Grade hat die Strafe des Gefängnisses?

A. Die Strafe des Gefängnisses hat folgende drey Grade: 1) schwerestes, 2) hartes 3) gelindes Gefängniß. Bei allen drey Graden ist dem Verbrecher eine verhältnißmäßige Arbeit anzuweisen.

F. Worinn besteht das schwerste Gefängniß?

B 2 Das

A. Das schwerste Gefängniß besteht darinn: Der Verbrecher wird mit einem um die Mitte des Körpers gezogenen eisernen Ringe Tag und Nacht an dem ihm angewiesenen Orte befestiget. Auch können ihm, nachdem die ihm auferlegte Arbeit es zuläßt, oder die Gefahr der Entweichung es fodert, schwere Eisen angelegt werden. Ihm ist keine andere Liegerstädt, als auf Brettern, keine andere Nahrung, als Wasser und Brod zuzulassen, und alle Zusammenkunft oder Unterredung nicht nur mit Fremden, sondern auch mit seinen Angehörigen und Bekannten zu untersagen.

F. Wie ist derjenige, der zum **harten** Gefängniß verurtheilet worden, zu behandeln?

A. Derjenige, der zum harten Gefängniß verurtheilet worden, ist gleich dem vorigen zu behandeln, nur sollen ihm 1) nicht so schwere Eisen an die Füsse gelegt, und 2. zween Täge in der Woche ein halb Pfund Fleisch zur Nahrung gegeben werden.

F. Was für eine Folge zieht die Verurtheilung zur Anschmiedung, zum schwersten oder harten Gefängniß noch ferner nach sich?

Die

A. Die Verurtheilung zur Anschmiedung, und zum schwersten, oder harten Gefängniß zieht noch die fernere Folge nach
sich, daß der Verurtheilte nicht nur von
dem Tage des über ihn gefällten Urtheiles,
und so lang seine Strafzeit dauert, keine
letztwillige Anordnung: d. i. kein Testa-
ment, kein Kodizill, keine Schenkung auf
den Sterbfall, errichten kann, sondern daß
dadurch auch alle letztwilligen Anordnungen
dadurch ungiltig und unwirksam werden,
die er, obgleich vor dem Urtheil, aber doch
erst nach seiner Arrestirung errichtet hat.

F. Worinn besteht die Strafe des gelinden Gefängnisses?

A. Die Strafe des gelinden Gefängnisses besteht darinn: Der zu demselben
Verurtheilte ist zwar mit leichteren, aber
doch immer mit solchen Eisen zu belegen,
von denen er sich ohne List und Gewalt
nicht freymachen kann. Ihm ist eine bes-
sere Aetzung, doch kein anderes Getränk, als
Wasser zuzulassen, auch ohne ausdrückliches
Vorwissen und ohne die Gegenwart des Ge-
fangenaufsehers alle Zusammenkunft und Unterredung mit Angehörigen oder Bekannten
zu verbieten.

B 3   Kann

F. Kann auch das gelinde Gefängniß durch Fasten verschärfet werden?

A. Auch das gelinde Gefängniß kann nach Beschaffenheit der Umstände für einige Tage der Woche durch strengeres Fasten verschärfet werden, und ist dem Gefangenen an dem zum Fasten bestimmten Tage keine andere Nahrung, als ein Pfund Brod zuzulassen.

F. Hat auch die öffentliche Arbeit Grade der Verschärfung?

A. Auch die öffentliche Arbeit hat Grade der Verschärfung, welche von der mehreren Beschwerlichkeit, grösseren Ungemächlichkeit oder Verlängerung der Arbeit selbst abhängen.

F. Was wird unter öffentlicher Arbeit verstanden?

A. Unter öffentlicher Arbeit wird das Gassenkehren, der Festungsbau, Schiffzug u. dergl. verstanden.

F. Was ist von der Bestrafung mit Stock-Karbatsch- und Ruthenstreichen zu merken?

A. Von der Bestrafung mit Stock, Karbatsch, und Ruthenstreichen ist zu merken, daß sie entweder für sich allein als Strafe verhänget, oder zur Verschärfung

der

der Gefängnißſtrafe oder öffentlichen Arbeit
beſtimmet werden könne.

F. Wie muß dieſe Strafe vollzogen werden?

A. Dieſe Strafe muß allzeit öffentlich vollzogen werden.

F. Wieviel Streiche werden gegeben?

A. Es iſt nicht immer gleich, bald
mehrere, bald wenigere, je nachdem die
Umſtände des Verbrechens es fodern, und
die Leibesbeſchaffenheit des Thäters es zuläßt, denn die nemliche Anzahl von Streichen könnte für einen Schwachen todesge-
fährlich ſeyn, die es für den Stärkeren nicht
iſt. Uiberhaupt aber iſt vorgeſchrieben, daß
auf einmal nie mehr, als 100 Streiche gegeben werden ſollen.

F. Worinn beſteht die Ausſtellung auf
die Schandbühne?

A. Die Ausſtellung auf die Schandbühne beſteht darinn: Der Verurtheilte
wird in Eiſen geſchloſſen und bewacht am
öffentlichen Platze auf einem erhöhten Gerüſt
durch drey aufeinander folgende Tage je-
desmal eine Stunde lang zur öffentlichen
Schau ausgeſtellet, und in einer ihm vor
der Bruſt hängenden Tafel mit einigen Worten das begangene Verbrechen angezeiget,

D 4 z. B.

z. B. Wegen Kaſſeangriff, Wegen Be=
trügereyen, u. b. gl.

F. Welche ſind die Verſchärfungen der
Kriminalſtrafen?

A. Die Verſchärfungen der Kriminal=
ſtrafen ſind:

1. die öffentliche Kundmachung des Ver=
brechers;

2. die Einziehung des Vermögens;

3. der Verluſt des Adels.

F. Worinn beſteht die öffentliche Kund=
machung des Verbrechers?

A. Die öffentliche Kundmachung des
Verbrechers beſteht darinn, daß der Name
des Verbrechers mit umſtändlicher ihn kenn=
bar bezeichnender Beſchreibung ſeiner Ge=
ſtalt, die begangene Miſſethat, und das
zuerkannte Strafurtheil allgemein durch die
Zeitungen, oder, wie es in jedem Orte ge=
bräuchig iſt, bekannt gemacht wird.

F. Was geſchieht mit dem Vermögen
des Verbrechers, nachdem das Krimi=
nalurtheil über ihn ergangen iſt?

A. Nach ergangenem Kriminalurtheil
über den Verbrecher verliert er von dem
Tage, als dieſes Urtheil ergangen iſt, den
Fruchtgenuß von ſeinem Vermögen, davon
wird ſeinem Weibe und den Kindern ein

ſtan=

ſtandesmäſſiger Unterhalt gerichtlich beſtimmet, der Ueberreſt aber, ſo lang die Strafzeit dauert, zur Verpflegung der Arreſtan-
ten und Erhaltung der Gefängniſſe verwen-
det, z. B. jemand, der ein Haus beſitzt,
welches jährlich 800 fl Zins trägt, wird
eines Verbrechens wegen auf 8 Jahre zur
öffentlichen Arbeit verurtheilet; er hat Weib
und Kinder, die zu ihrem ſtandesmäſſigen
Unterhalt jährlich, z. B. 600 fl nöthig haben, ſo werden dieſe 600 fl. dem Weibe
und Kindern abgereicht, die übrigen 200 fl.
aber zur Verköſtung der Gefängenen und
Erhaltung der Gefangniſſe eingezogen.

F. Wenn der Verurtheilte während ſeiner Strafzeit ſtirbt, wem fällt ſein
Vermögen zu?

A. Wenn der Verurtheilte während
ſeiner Strafzeit ſtirbt, ſo fällt ſein Vermögen denjenigen zu, denen die Erbſchaft
vermög der geſetzlichen Erbfolge gebühret,
das iſt, den nächſten Blutsfreunden, oder
wenn deren keine mehr vorhanden ſind,
dem überlebenden Gatten, u. ſ. w. wenn
gleich ein Teſtament oder eine letztwillige
Anordnung vorhanden, und dieſe zu was
immer für einer Zeit errichtet worden wäre.

Wie

F. Wie aber, wenn der Verurtheilte seine Strafzeit geendet hat?

U. Wenn der Verurtheilte seine Strafzeit geendet hat, so tritt er in alle vorigen Rechte des Eigenthums zurück.

F. Wem schadet die Entsetzung des Adels, und der damit verbundenen Würden und Rechte?

U. Die Entsetzung des Adels, und der damit verbundenen Würden und Rechte schadet dem Verbrecher ganz allein, und erstreckt sich nicht auf dessen Eheweib und die vor der Adelsentsetzung erzeugten Kinder.

F. Wie geschieht die geheime Brandmarkung?

U. Die geheime Brandmarkung, welche als eine Verschärfung der Strafe bestimmet wird, geschieht mittels kennbarer und unvertilgbarer Einschröpfung eines Galgens an der linken Seite des hohlen Leibes.

F. Gegen welche Verbrechen hat sie statt?

U. Sie hat nur gegen fremde Verbrecher statt, die zugleich ausser Landes zu verweisen sind.

Von

Von Verbrechen, die auf den Landesfürsten, und den Staat unmittelbare Beziehung haben, und zwar

a) Von der beleidigten Majestät.

F. Wer macht sich der beleidigten Majestät schuldig?

A. Der beleidigten Majestät macht sich schuldig, wer, der dem rechtmässigen Landesfürsten von Gott verliehenen Hoheit und Würde uneingedenk, an seine Person gewaltsame Hand anlegt, und in böser auf die Person desselben gerichteten Absicht an ihm auf was immer für eine Art sich vergreift, wenn gleich hieraus kein Schaden erfolget.

F. Wie wird dieses Verbrechen bestrafet?

A. Dieses Verbrechen wird mit der Einziehung des Vermögens, welches in diesem Falle dem Staate ohne Rücksicht auf die etwann vorhandenen Kinder ganz heimfällt, und mit schwerestem Gefängniß über dreyßig bis auf hundert Jahre bestrafet.

F. Wer macht sich noch der beleidigten Majestät schuldig?

Der

A. Der beleidigten Majeſtät macht
ſich auch derjenige ſchuldig, der die pflicht-
mäßige Ehrerbietung gegen den Landesfürſten aus den Augen ſetzt, und in öffentlichen
Reden, oder Schriften denſelben anzugrei-
fen die Vermeſſenheit hat.

F. Wie wird ein ſolcher Verbrecher beſtrafet?

A. Ein ſolcher Verbrecher wird mit
gelinderem Gefängniß, jedoch über fünf bis
an acht Jahre beſtrafet, das heißt, der Richter kann ihn zum gelinden Gefängniß nicht
unter fünf Jahren, und nicht über acht
Jahre verurtheilen.

b) Vom Landesverrathe.

F. Wer macht ſich des Landesverraths
ſchuldig?

A. Des Landesverraths macht ſich
ſchuldig, wer, undankbar gegen das Vater-
land und den Staat, deſſen Bürger er iſt,
oder worinn ihm auch nur Aufenthalt und
Schutz gewähret wird, feindſelig etwas unternimmt, das mittelbar oder unmittelbar
zum allgemeinen Nachtheile gereichte, ſey es
nun öffentlich, oder in geheim, durch Rath
oder eigene That, mit oder ohne Ergreifung
der

der Waffen, allein, oder mit Zuthat von mehreren, durch Zusammschwörung, Verrätherey, Entdeckung der Staatsgeheimnisse, Verbindung mit Feinden, denselben geleistete Hilfe und Vorschub, oder durch was immer für eine Handlung dieser Art, ohne Unterschied, ob er ein Eingeborner, oder ein Fremder sey.

F. Wie wird dieses Verbrechen bestrafet?

A. Dieses Verbrechen wird mit der Einziehung des Vermögens, welches in diesem Falle dem Staate ohne Rücksicht auf die etwann vorhandenen Kinder ganz heimfällt, und mit schwerestem Gefängniß über dreyßig bis auf hundert Jahre bestrafet.

F. Welche werden als Theilnehmer dieses Verbrechens behandelt?

A. Als Theilnehmer dieses Verbrechens sollen selbst diejenigen behandelt werden, welche von dem Vorhaben des Landesverraths einige Kenntniß gehabt, und der Obrigkeit nicht sogleich die Anzeige gemacht haben.

F. Wer ist noch ferner als Landesverräther zu betrachten?

A. Als Landesverräther ist ebenfalls zu betrachten, ein Beamter, er sey Eingeborner oder Ausländer, der die ihm in seinem

Amte

Amte bekanntgewordenen Staatsgeheimniſſe
entdecket; weiters derjenige, welcher ſich in
eine der Provinzen, oder zu Kriegszeiten in
das Lager, oder in die Gegenden der Armee,
oder ſonſt eines Korps begiebt, um etwas
auszuſpähen, und fremden Staaten, oder
zur Kriegszeit dem Feinde, davon Kundſchaft
zu geben; der Gegenſtand der Ausſpähung
mag geringſchätzig, oder wichtig, von nach-
theiligen Folgen ſeyn, oder nicht.

F Welche iſt die Strafe der Ausſpäher?

A. Die Strafe der Ausſpäher (Spi-
onen) iſt in den Kriegsgeſetzen beſtimmt; worüber auch nur das Militargericht zu urtheilen hat.

F. Wie wird aber ſonſt ein Landesverräther beſtrafet?

A. Sonſt ein Landesverräther iſt mit
Gefängniß zu beſtrafen, deſſen Dauer und
Beſchwerlichkeit nach Maaß, als der Gegenſtand der Entdeckung wichtig iſt, nach
Beſchaffenheit der angewendeten Liſt, nach
Verhältniß desjenigen Schadens, der für
den Staat entweder entſtanden iſt, oder doch
hätte entſtehen können, auszumeſſen, da-
mals aber mit mehrerer Strenge zu beſtim-
men, wenn der Thäter zugleich als ein in
landesfürſtlichen Dienſten ſtehender Beamter

eine

eine wesentliche ihm bekannte Pflicht des Amtes, worüber er dem Landesfürsten den Eid geschworen hat, verletzet.

c) Von Aufruhr und Tumult.

F. Was ist Aufruhr und Tumult?

A. Aufruhr und Tumult ist jede eigenmächtige Zusammenrottung mehrerer Personen, um der Obrigkeit mit Gewalt Widerstand zu leisten, die Absicht eines solchen Widerstandes mag nun seyn, um von der Obrigkeit etwas zu erzwingen, oder eine aufliegende Pflicht nicht zu leisten, oder eine getroffene Anstalt von was immer für einer Art zu vereiteln; auch ist es als Aufruhr und Tumult gleich anzusehen, die Gewaltthätigkeit mag unmittelbar gegen die Person der Obrigkeit selbst, oder gegen einen Beamten und unteren Diener, welche zur Ausführung ihrer Anordnungen bestimmet sind, verübet werden. Daher machen sich dieses Verbrechens auch jene schuldig, welche sich wider ihren Grund- Dorf- Vogt- oder Gerichtsherrn, oder dessen Beamten, wie auch Gemeinden, die sich wider ihren Vorsteher aus Widersetzung zusammenrotten.

Wel-

F. Welche ſind Mitſchuldige und Theilnehmer an dieſem Verbrechen?

A. Mitſchuldige und Theilnehmer
an dieſem Verbrechen ſind alle jene, welche
Zuſammenkünfte, bei denen die Anſchläge
zu Zuſammenrottungen gemacht werden, in
ihrem Hauſe geduldet, oder Gemeinden
zur Zuſammenrottung aufgehetzt, oder Anſchläge dazu an die Hand gegeben, oder
auch nur Wiſſenſchaft von ſolchen Anſchlä-
gen gehabt, und die Anzeige an die Obrigkeit zu machen unterlaſſen haben. Ins-
gleichen ſollen als Theilnehmer an dieſem
Verbrechen diejenigen behandelt werden,
welche ſich in eine Zuſammrottung, von
der ſie die Abſicht der Wiederſetzung wuß-
ten, miteinziehen laſſen, und dabei behar-
ren, wenn ſie gleich weder des Vorſatzes ihrer eigenen Mitwirkung noch einer wirklich
verübten That überwieſen werden könnten.

F. Welche iſt die Strafe der Aufruhr?

A. Außerdem, daß jeder, der ſich
in Aufruhr oder Tumult miteinziehen läßt,
ſein Leben in Gefahr ſetzt, wenn es ſo weit
kömmt, daß die Zuſammengerotteten mit
offener Gewalt zerſtreuet werden müſſen,
hat noch bei dieſem Verbrechen das ſtandrechtliche Verfahren einzutreten, und können

alle

alle Gattungen der Strafen dagegen statt
finden. Bei dem höchsten Grad der Bosheit und Gemeinschädlichkeit sind daher die
Rädelsführer, nebst Einziehung des Vermögens, so in diesem Falle dem Staate ohne
Rücksicht auf die etwan vorhandenen Kinder ganz heimfällt, zur Todesstrafe zu verurtheilen.

d) Von der öffentlichen Gewalt.

F. Wer macht sich des Verbrechens der
öffentlichen Gewalt schuldig?

A. Der öffentlichen Gewalt macht sich
schuldig, der mit gesammelten mehreren Leuten gewaltsam in das Gebiet, Haus oder die
Wohnung eines anderen bringet, und daselbst an dessen Person, Haab und Gut Gewalt ausübet, auch wenn die That bloß in
der Absicht geschehen wäre, um angesprochene
Rechte durchzusetzen, z. B. wenn man mit
Gewalt und gesammelten mehreren Leuten
in das Haus desjenigen, der uns schuldig
ist, und nicht zahlen will, dränge, und so-
viel von seinem Hab und Gut mit sich nähme,
als zur Tilgung der Schuld nothwendig
scheint, denn niemand darf seine Rechte mit
eigener Hand durchsetzen; dafür ist der Rich-

C   ter,

ter, daß man ihm ſeine Beſchwerden entdecke, und um ſeiren Beiſtand bitte.

F. Welche iſt die Strafe der öffentlichen Gewalt?

A. Die Strafe der öffentlichen Gewalt iſt hartes Gefängniß über ein Monat, jedoch nicht über fünf Jahre, und öffentliche Arbeit, das heißt, der Richter kann einen ſolchen, der öffentliche Gewalt verübet hat, nie auf wenigere Zeit, als auf ein Monat, nach Umſtänden aber auch auf 2, 3, 4, ja ſogar auf 5 Jahre zum harten Gefängniß und öffentlicher Arbeit verurtheilen.

F. Was für ein Recht hat der Beſchädigte?

A. Der Beſchädigte, an den die öffentliche Gewalt verübet worden, hat ungehindert der Kriminalbeſtrafung das Recht, die vollſtändige Entſchädiguung und Genugthuung zu ſuchen.

F. Wer macht ſich noch ferner des Verbrechens öffentlicher Gewalt ſchuldig?

A. Des Verbrechens öffentlicher Gewalt macht ſich noch ferner ſchuldig, der ſich dem Richter, einer vorgeſetzten, obrigkeitlichen Perſon, oder ihren Abgeordneten in Amtsſachen, folglich auch derjenige, ſo

ſich

sich einer Wache, oder einem Wächter in
Vollziehung des obrigkeitlichen Befehls mit
gewaltsamer Handanlegung widersetzet, auch
wenn von der Widersetzung keine Verwundung erfolget ist.

F. Welche ist die Strafe dieses Verbrechens?

A. Die Strafe dieses Verbrechens
ist hartes Gefängniß nicht unter einem
Monat, doch nicht über fünf Jahre. Wäre aber die Gewalt der Widersetzung groß,
und mit Verletzung oder Verwundung ver-
knüpft gewesen, so ist wider den Verbrecher
ein hartes Gefängniß zwischen 5 und 8
Jahren zu verhängen.

e) Vom Mißbrauche des obrigkeitli-
chen Amtes.

F. Wer macht sich des Verbrechens des
gemißbrauchten obrigkeitlichen Amtes
schuldig?

A. Des Verbrechens des gemißbrauchten obrigkeitlichen Amtes macht sich schuldig, wer in einem Amte die anvertraute
Macht und sein Ansehen anwendet, um
jemandem an Ehre, Vermögen, oder wie
sonst immer widerrechtlich Schaden zuzufügen, sich von jemandem Vortheile zuzu-

C 2   wen-

wenden, jemanden zur Ausführung einer bösen Absicht, und schädlichen Handlung wider einen Dritten verhülflich zu seyn; imgleichen ein Richter, der durch Geschenke, oder sonst durch Leidenschaft und Nebenabsichten sich verleiten läßt, die ordentliche Gerechtigkeitspflege zu verändern, Recht zu versagen, oder ein offenbar ungerechtes Urtheil zu schöpfen.

F. Welche ist die Strafe dieses Verbrechens.

A. Die Strafe dieses Verbrechens ist hartes Gefängniß und öffentliche Arbeit zwischen 8 und 12 Jahren. Nach Umständen kann auch noch der Verbrecher auf die Schandbühne gestellet, und öffentlich kundgemacht werden.

F. Welche sind als Theilnehmer an diesem Verbrechen anzusehen:

A. Als Theilnehmer an diesem Verbrechen sind anzusehen, welche den Richter oder die Obrigkeit durch Verheißungen, durch wirklich zugewendete Geschenke, oder durch andere sträfliche Wege zu dem Mißbrauch des obrigkeitlichen Amtes zu verleiten suchen, ihre Absicht mag ihnen gelingen, oder nicht, sie mögen zu ihrem eigenen, oder zum Vortheil eines Dritten handeln.

Wel-

F. Welche ist die Strafe dieses Verbrechens?

A. Die Strafe dieses Verbrechens ist gelindes Gefängniß nicht unter einem Monat, doch nicht über fünf Jahre, und öffentliche Arbeit. Doch können nach Umständen auch Verschärfungen statt finden.

f) Von Verfälschung der Staatspapiere.

F. Wer macht sich des Verbrechens verfälschter öffentlicher Staatspapiere schuldig?

A. Des Verbrechens verfälschter öffentlicher Staatspapiere macht sich schuldig, wer solche Papiere, die entweder für sich als Münze gelten, oder worauf öffentliche Kassen Zahlungen zu leisten haben, nachzumachen unternimmt, das Vorhaben mag zu Stand kommen, oder nicht, das verfälschte Staatspapier mag eine öffentliche innländische, oder die Kasse eines fremden Staates betreffen.

F. Welche ist die Strafe dieses Verbrechens?

A. Die Strafe dieses Verbrechens ist hartes Gefängniß zwischen 30 und 100 Jahren, und harte öffentliche Arbeit, auch kann diese Strafe nach Umständen durch

Züch-

Züchtigung mit Streichen oder Ausstellung auf die Schandbühne verschärfet werden.

F. Wer macht sich noch ferner dieses Verbrechens schuldig?

A. Dieses Verbrechens macht sich auch derjenige schuldig, der in sich ächte öffentliche Staatspapiere durch Abänderung in eine höhere Summe, als für welche sie ursprünglich ausgestellt gewesen, verfälscht, es mag die Verfälschung leicht oder schwer zu erkennen, und aus der Abänderung eine wirkliche Beschädigung erfolget seyn, oder nicht.

F. Welche ist die Strafe dieses Verbrechens?

A. Die Strafe dieses Verbrechens ist hartes Gefängniß zwischen 12 und 15 Jahren, und öffentliche Arbeit. In Fällen, wo wichtigere und besonders bedenkliche Umstände sich vereinigen, ist die Strafe durch Ausstellung auf der Schandbühne, und öffentliche Züchtigung mit Streichen zu verschärfen.

F. Welche sind an diesem Verbrechen Mitschuldige?

A. Mitschuldige an diesem Verbrechen sind, welche die bei Staatspapieren gewöhnlichen Unterschriften nachahmen, Wappen nachstechen, Papiere, Stempel, Matri-

trizen, Buchstaben, Pressen, oder was
immer sonst zur Verfälschung der Staatspapiere dienen kann, verfertigen, und den
Verfälschern zum Vorschub der Verfälschung
wissentlich überliefern, oder auf was immer
für eine Art zur Verfälschung der Staatspapiere mitgewirket haben.

F. Welche ist die Strafe der Mitschuld?

A. Die Strafe der Mitschuld ist
hartes Gefängniß zwischen 12 und 15 Jahren, und kann diese Strafe nach Umständen mit Ausstellung auf der Schandbühne
und Züchtigung mit Streichen verschärfet
werden.

g) Von der Münzfälschung.

F. Wer macht sich der Münzfälschung
schuldig?

A. Der Münzfälschung macht sich
schuldig, wer ohne landesfürstliche Erlaubniß nach innländischen, oder einem in den
Erblanden umlaufenden, ausländischen Gepräge Münze schlägt, wenn gleich Schrott
und Korn der ächten Münze gleich, allenfalls noch hältiger seyn sollte.

F. Welche ist die Strafe dieses Verbrechens?

C 4   Die

A. Die Strafe dieses Verbrechens ist hartes Gefängniß zwischen einem Monat und fünf Jahren, und öffentliche Arbeit.

F. Wer ist noch ferner als Münzfälscher zu betrachten?

A. Als Münzfälscher ist noch derjenige zu betrachten, der nach landesfürstlichem, oder einem in den Erblanden umlaufenden Gepräge, entweder aus ächtem Metalle ringhältigere Münze, oder mit ringschätzigerem Metalle unächte Münze schlägt, oder sonst durch Betrug falscher Münze das Ansehen der ächten giebt.

F. Welche ist die Strafe dieses Verbrechens?

A. Die Strafe dieses Verbrechens ist hartes Gefängniß oder öffentliche Arbeit über 12, jedoch nicht über 15 Jahre.

F. Welche sind an diesem Verbrechen mitschuldig?

A. Mitschuldig an diesem Verbrechen sind, die eigene zum Münzen dienliche Werkzeuge von was immer für einer Gattung verfertigen, und zur falschen Münzung wissentlich herbeischaffen, oder auf was immer für eine Art zur Verfälschung der Münzen mitgewirket haben.

Wel-

F. Welche ist die Strafe der Mitschuld am Münzfälschen?

A. Die Strafe der Mitschuld am Münzfälschen ist hartes Gefängniß über 8, doch nicht über 12 Jahre, und öffentliche Arbeit.

F. Welche sind noch als Münzfälscher zu behandeln?

A. Als Münzfälscher sind auch jene zu behandeln, welche ächte inn= oder ausländische Münzen auf was immer für eine Art in ihrem inneren Werthe und eigenen Gehalte, nach welchem sie gemünzet worden, verringern.

F. Welche ist die Strafe dieses Verbrechens?

A. Die Strafe dieses Verbrechens ist hartes Gefängniß über 8, doch nicht über 12 Jahre, und öffentliche Arbeit.

h) Von der Hilfe zur Entweichung der Verbrecher.

F. Wer macht sich der Hilfe zur Entweichung der Verbrecher schuldig?

A. Der Hilfe zur Entweichung der Verbrecher macht sich schuldig, wer durch seinen Beistand jemandem, dessen Person sich die Obrig=

Obrigkeit bemächtiget hat, das Entkommen mit List oder Gewalt aus dem Gefängnisse oder der Verwahrung zu entweichen erleichtert, ohne Unterschied, ob die Hilfe einem Gefangenen, der nur erst in der Untersuchung steht, folglich noch nicht schuldig erkannt ist, oder einem unter Verwahrung und Strafe gehaltenen Verurtheilten geleistet wird.

F. Welche ist die Strafe dieses Verbrechens?

A. Das Gesetz macht bei Bestrafung dieses Verbrechens folgenden Unterschied:

I. Wenn die Hilfe zur Entweichung unmittelbar von der Obrigkeit selbst, oder auch nur mittelbar mit ihrem Vorwissen, Einwilligung, an Hand gelassener Gelegenheit und Nachsicht geschehen, so ist die Strafe hartes Gefängniß nicht unter einem Monat, doch nicht über 5 Jahre, wäre aber die Hilfe Staatsverbrechern, Mördern, Räubern, oder Feuerlegern geleistet worden, so ist die Strafe hartes Gefängniß über 5 Jahre bis auf 8 Jahre. Hat jemand die Ausübung einer obrigkeitlichen Gewalt vermög dem Besitz eines Gutes gehabt, z. B. ein Adelicher, welcher die seinem Gut anklebende Bannalgerichtsbarkeit hat, so wird er durch

die-

dieses Verbrechen für seine Person derselben verlustig. Lliberdieß wird obige Strafe noch durch die Kundmachung des Verbrechers verschärfet.

II. Wenn die Hilfleistung zur Entweichung ohne Vorwissen der Obrigkeit von einem ihrer Bekannten geschehen, oder von einem Diener, der zu Bewachung der Gefangenen eigens bestimmt ist, so ist der Hilfleistende zur harten öffentlichen Arbeit nicht unter einem Monat, doch nicht über 5 Jahre anzuhalten.

III. Wenn die Hilfleistung von einem Verbrecher, (nemlich von einem Mitgefangenen,) der dadurch nicht zugleich ein ihm anvertrautes Amt verletzet, geschehen, so wird derselbe mit einem gelinderen Gefängniß von einem Monat bis an 5 Jahre und mit öffentlicher Arbeit bestrafet werden.

IV Der Gefangene selbst, der zur Entweichung Gewalt versuchet, soll mit Streichen gezüchtiget, und mit schwereren Eisen belegt werden. Hätte er die Entweichung mit List oder Gewalt wirklich vollbracht, so ist bloß der Entweichung wegen ohne Rücksicht auf etwan begangene neue Verbrechen, als wegen welchen er insbesondere abzuurtheilen ist, seine Strafe während der noch übrigen Strafzeit durch Fasten, Streiche,

schwer-

schwerere Eisen, und nach Gestalt der Umstände engere Anschmiedung zu verschärfen.

i) Von Verheelung der Verbrecher.

F. Wer macht sich der Verheelung der Verbrecher schuldig?

A. Der Verheelung der Verbrecher macht sich schuldig, wer einen sichtbar Gebrandmarkten, einen aus dem Gefängniß oder der Strafe Entflohenen, oder einen ihm als Kriminalverbrecher Bekannten wissentlich in seiner Wohnung verbirgt, oder einem solchen auch nur einen zeitlichen, obschon nicht geheimen Aufenthalt giebt, wenn er gleich dadurch zu Fortsetzung des Verbrechens nichts beiträgt, folglich ihm eine mehrere Theilnehmung an dem Verbrechen nicht zur Last liegt. Imgleichen, wer den Gegenstand eines Verbrechens, z. B. den Körper eines Ermordeten, gestohlenes Gut u. der gl. oder, wer einige zur Ausübung eines Verbrechens eigens dienende Werkzeuge entweder bei sich oder an einem anderen Orte verborgen hält. Endlich, wer bei einem ihm bekannten Verbrecher durch Verkleidung, Unkennbarmachung, oder sonst in einem Wege beiträgt, daß derselbe vor der Obrigkeit unentdeckt und verborgen bleibt.

Wel-

F. Welche ist die Strafe dieses Verbrechens?

A. Die Strafe dieses Verbrechens ist verschieden, je nachdem der verheelte Verbrecher gefährlicher und gemeinschädlicher war oder nicht; daher wird bald ein gelinderes, bald ein härteres Gefängniß und öffentliche Arbeit zur Strafe verhänget, und nach Umständen kann diese Strafe auf eine Dauer von 15 Jahren erweitert werden. Das Gesetz macht aber eine Ausnahme, und sagt, daß derjenige, der seine Aeltern, Großältern, Ur- und Urgroßältern, seine Kinder, Enkel und Urenkel, seine Geschwister, es mögen nun diese zweybändig, d. i. von dem nemlichen Vater und der nemlichen Mutter, oder einbändig das heißt, nur von dem nemlichen Vater, aber von verschiedenen Müttern, oder von der nemlichen Mutter aber von verschiedenen Vätern seyn; die Ehegenossen derselben, oder seinen eigenen Ehegenossen, oder dessen ein- und zweybändige Geschwister verheelet, wenn ihm auch der Verheelte wirklich als ein Verbrecher bekannt gewesen wäre, nach dem Grade, als er dem Verheelten näher angehört, mit minderer Strenge behandelt werden solle. Doch fügt das Gesetz die ausdrückliche Bedingung hin-

hinzu, daß der Verheeler in jedem Falle zur
Ausübung oder Fortſetzung des Verbrechens
von ſeiner Seite **nicht das Geringſte**
beigetragen habe.

k) Vom Vorſchub zur Entweichung aus dem Kriegsdienſte.

F. Wer macht ſich der beförderten Entweichung aus dem Kriegsdienſte ſchuldig?

A. Der beförderten Entweichung aus
dem Kriegsdienſte macht ſich ſchuldig, wer
wiſſentlich einen Soldaten, der zur landesfürſtlichen Fahne geſchworen hat, oder einen zum landesfürſtlichen Militarkörper
gehörigen Dienſtknecht zur Entweichung
aus dem Dienſte ſelbſt beredet, oder da
die Militarsperſon hiezu für ſich nicht ent-
ſchloſſen geweſen, ihm mit Rath und That
an die Hand geht, oder wenn jemand
einem entſchloſſenen Ausreißer (Deſerteur)
durch Abkaufung ſeiner Montur, oder ſeines Gewehrs, durch Anweiſung des We-
ges, durch Verkleidung, Verbergung,
durch einen bei ſich gegebenen Aufenthalt,
oder ſonſt auf eine Art hilfliche Hand bie-
tet, und dadurch die Ausreißung entweder

ber erleichtert, oder die Ausforschung und Entdeckung desselben erschweret.

F. Welche ist die Strafe dieses Verbrechens?

A. Das Gesetz macht in Ansehung der Strafe folgenden Unterschied:

I. Wenn der Beförderer zum Kriegsdienste tauglich ist, soll er ohne Ausnahme an die Stelle desjenigen in den Kriegsdienst treten, zu dessen Entweichung er den Vorschub geleistet hat.

II. Wenn den Beförderer sein Geschlecht, oder andere Umstände zum Kriegsdienste untauglich machen, so muß er das doppelte Rekrutengeld zur Kriegskasse zahlen, und wird noch darüber zu einem gelinden Gefängniß, nicht unter einem Monat, doch auch nicht über 5 Jahre verurtheilt.

III. Wenn der Beförderer auch die Zahlung des doppelten Rekrutengeldes nicht leisten kann, so ist die Strafe Gefängniß über 5, nicht aber über 8 Jahre und öffentliche Arbeit.

Von

Von Verbrechen, die auf das menschliche Leben, und die körperliche Sicherheit unmittelbare Beziehung haben.

a) Vom gemeinen Mord.

F. Wer macht sich des gemeinen Mordes schuldig?

A. Des gemeinen Mordes macht sich schuldig, wer einen Menschen mit tödlichen Waffen anfällt, oder sonst an ihm auf eine Art gewaltsame Hand anlegt, daß die Verwundung tödlich, und der Tod des Verwundeten entweder sogleich, oder auch nach einiger Zeit, ohne in der Zwischenzeit zu Stand gebrachte Heilung desselben, nothwendig erfolget.

F. Welche ist die Strafe des gemeinen Mordes?

A. Die Strafe des gemeinen Mordes ist hartes Gefängniß nicht unter 15 und nicht über 30 Jahre. Doch sagt das Gesetz, daß in einigen Fällen die Dauer des Gefängnisses bis auf 100 Jahre erstrecket, und diese Strafe noch mit anderen empfindlichen Zusätzen, als Brandmarkung, Züchtigung mit Streichen u. d. gl. verschärfet werden könne.

Wel=

F. Welche sind aber diese Fälle?

A. Diese Fälle sind folgende:

I. Wenn durch den gemeinen Mord auch zugleich das Band der väterlichen, mütterlichen und kindlichen Liebe, der ehelichen Treue und der Verwandtschaft verletzt wird, das heißt, wenn jemand seinen Vater, Großvater oder Urvater, seine Mutter, Großmutter oder Urmutter u. s. w. seine Kinder, Enkel oder ferneren Abkömmlinge, seinen Ehegenossen, seine Geschwister, es mögen dieselben zweybändig, das ist: von eben dem Vater und eben der Mutter, oder nur einbändig, d. i. von Vater- oder Mutterseite Stiefgeschwister seyn, die Ehegenossen seiner Geschwister, oder endlich die Geschwister der Aeltern und Großältern ermordet hätte.

II. Wenn die enge Verbindung verletzt wird, vermög welcher der Mörder dem Ermordeten zur Ehrerbietung verpflichtet gewesen, z. B. wenn ein Unterthan seinen rechtmäßig Vorgesetzten, ein Pflegkind seinen Pflegvater u. dergl. ermordet hätte.

III. haben obbesagte Verschärfungen auch dazumal Platz, wenn aus der Art des Mordes eine besondere Grausamkeit, und der Vorsatz hervorleuchtet, daß der Mörder

D   dem

dem Ermordeten den Tod empfindlicher zu
machen gesuchet hat.

F. Wie, wenn ein Mord in Gemeinschaft
von mehreren verübet worden?

A. Wenn ein Mord in Gemeinschaft
von mehreren verübet worden, so ist jeder,
der mit Wissen und Vorsatz dazu beigetragen
hat, als ein Mörder zu bestrafen, er mag
an den Ermordeten Hand angelegt haben,
oder nicht.

F. Wenn jemand in Zorn, Uibereilung,
Gähheit, in Raufhändeln und Tumult
den anderen ermordet hat?

A. So wird er zwar überhaupt von der
Schuld eines Mordes nicht frey gesprochen,
nach Umständen aber kann in solchen Fällen
die Strafe dennoch gemildert werden.

F. Kann derjenige, der jemanden zu seiner eigenen Selbstvertheidigung tödtet,
als Mörder angesehen werden?

A. Keineswegs, wenn er nur nicht die
Grenzen der Selbstvertheidigung überschrit-
ten, das heißt, wenn er nur nicht den anderen getödtet hat, da er noch andere Mittel übrig gehabt hätte, den Angriff des anderen zu vereiteln. Daher gilt die Entschul-
digung der Selbstvertheidigung nur dazumal,
wenn der Thäter beweist, oder wenn sich

aus

aus den Umständen der Personen, des Ortes,
der Zeit gegründet schließen läßt, daß er ohne
gegebene Veranlassung von dem Getödteten
auf eine Art angegriffen worden, daß er seine
eigene Verwundung oder gar den Tod befürch-
ten konnte, oder wenn er beweist, er habe
sich der gewaltsamen Vertheidigung, woraus
der Tod seines Nebenmenschen erfolget ist,
gebrauchet, um sein oder seines Nebenmenschen Vermögen, oder Freyheit gegen einen
ungerechten Angreifer zu schützen, dessen
er sich ohne Gefahr eigener Verwundung
oder Tödtung zu bemächtigen nicht im
Stande war. Hätte also jemand den
anderen zwar in seiner Vertheidigung getödtet, aber die vorher angezeigten Grenzen dieser Selbstvertheidigung überschrit-
ten, das heißt, hätte er sich ohne Schaden und Gefahr dem Angriffe anders, als
durch den Tod des Angreifers entziehen,
hätte er sich des Angreifers ohne ihn zu
tödten, bemächtigen können, hätte er dem
Angreifer selbst unmittelbare Veranlassung
zum Angriff gegeben, und denselben hernach getödtet, so würde er sich des Verbrechens eines Mordes schuldig machen. Z.
B. Jemand kömmt in mein Zimmer, in
dem ich ganz allein bin, um mir etwas zu

steh-

stehlen, er bemerkt nicht meine Gegenwart,
und bereitet sich schon einige meiner Stücke
zum Wegtragen, ich melde mich nicht,
bis er schon mit dem Bündel wegzugehen
begriffen ist, dann lange ich nach meiner
Pistole, und schieße ihn todt, so bin ich
des Mordes schuldig, denn ich hätte gelindere Mittel gehabt, mein Vermögen zu
erhalten, ich hätte auf ihn rufen können,
worüber er vielleicht die Flucht ergriffen
haben würde, ich hätte ihm mit der Pistole in der Hand entgegengehen, und ihn
auf solche Art abschrecken, oder durch Ge-
schrey meine Nachbarn zu Hilfe rufen können, u. dergl. und auf solche Art würde
ich meine Sachen erhalten haben, ohne
den Dieb zu tödten, da ich ihn also tödte,
bin ich sein Mörder. Gesetzt aber, ich hätte von den obigen Mitteln keines gehabt,
oder ich hätte den Dieb angesprochen, er
aber wäre auf mich losgegangen, und hätte
meinem Leben noch äußerste Gefahr gedrohet, so könnte mich niemand eines Mordes beschuldigen, wenn ich ihn, um mein
Leben und meine Güter zu erhalten, getödtet hätte.

Wel-

F. Welche ist also die Hauptregel, die bei der Selbstvertheidigung zu beobachten kömmt?

A. Die Hauptregel, die bei der Selbstvertheidigung zu beobachten kömmt, ist folgende: So oft ich gelindere Mittel habe, den ungerechten Angreifer meines Lebens, meiner Gesundheit, meines Vermögens, meiner Freyheit oder Unschuld abzutreiben, darf ich ihn nicht tödten, sonst mache ich mich eines Mordes schuldig. Z. B. Ich bin auf offener Straße, oder ich reise durch einen Wald und werde von Räubern angefallen, ich kann niemand zu Hilfe rufen, ihre Anzahl ist zu groß, als daß ich mich aller bemächtigen, und sie gefangen halten könnte, kurz ich habe kein einziges Mittel mein Leben anders zu erhalten, als die todesgefährliche Gewalt zu brauchen, so kann ich mein Leben selbst mit dem Tod der Räuber vertheidigen; wäre hingegen der Fall, daß ich eilige Hilfe hätte haben können, oder hätte mich nur einer angefallen, dem ich an Kräften weit überlegen bin, oder wäre er zwar stärker als ich, aber ich hätte ihn durch eine leichte Verwundung abtreiben können, so würde ich mich eines Mordes

D 3 schul-

ſchuldig machen, wenn ich ihn um das Leben brächte. Oder: Ein Mädchen wird auf
ihrem Zimmer von einem geilen Wohlluſt-
ling zur Unzucht genöthiget, ſie könnte aber
durch ihr Geſchrey die Nachbarn herbei-
kommen machen, ſie wäre ſelbſt ſtark genug,
ſich gegen den Angreifer ihrer Unſchuld zu
wehren, ſo dürfte ſie ihn nicht tödten, hätte
ſie aber kein anderes Mittel, wäre ſie an
einem einſamen Orte, nicht ſtark genug,
dem Angreifer Einhalt zu thun, u. ſ. w.
ſo könnte ſie ihre Unſchuld mit ſeinem Tod
vertheidigen.

F. Wenn alſo jemand den anderen zwar
zu ſeiner Selbſtvertheidigung, jedoch
dazumal ermordet, da er gelindere
Mittel gehabt hätte, den Angriff abzutreiben, wie wird er beſtrafet?

A. Ein ſolcher wird mit Gefängniß
und öffentlicher Arbeit, welche Strafe nicht
kürzer als ein Monat, aber auch nicht län-
ger als 5 Jahre dauern darf, geſtrafet, bei
beſonders bedenklichen Umſtänden aber kann
dieſe Strafe durch ſtrenges Faſten, Züchtigung mit Streichen und dergl. verſchärfet
werden.

F. Wer macht ſich des Raubmordes
ſchuldig?

Der

A. Des **Raubmordes** macht sich schuldig, wer einen Menschen in der Absicht überfällt und tödtet, um des Ermordeten eigenes Vermögen, oder fremdes Gut, so unter Besorgung und Verwahrung desselben stand, zu rauben, der Angriff geschehe wo immer, auf freyer Strasse, in dem Hause, der Wohnung des Ermordeten, oder an einem dritten Orte, wo der Ermordete sich befand, z. B. in dem Hause seines Freundes, in einem Wirthshause, u. dergl.

F. Welche ist die Strafe des Raubmordes?

A. Die Strafe des Raubmordes ist schwerestes Gefängniß über 30 bis auf 100 Jahre. Und wenn aus der Art des Mordes eine besondere Grausamkeit hervorleuchtete, ist wider den Thäter statt dem schweresten Gefängniß die Anschmeidung zu verhängen.

c) Vom Meuchelmord.

F. Wer ist des Meuchelmords schuldig?

A. Des Meuchelmords ist schuldig, wer mit Verstellung und Arglist durch Waffen oder Gift auf eine Art gemordet hat, die von Seite des Ermordeten alle Vorsicht und Vertheidigung ausschloß.

D 4 Welche

F. Welche ist die Strafe des Meuchelmords?

A. Die Strafe des Meuchelmords ist Anschmiedung über 30 bis auf 100 Jahre.

d) Von der Bestellung zum Morde.

F. Wer macht sich der Bestellung zum Morde schuldig?

A. Der Bestellung zum Morde macht sich schuldig, wer durch Liebkosungen, Versprechungen, Geschenke, Drohungen, Gewalt, oder auf was immer für ersinnliche Wege, jemanden zur Ermordung eines Dritten zu bewegen sucht, die Bestelluug mag nun von dem anderen auf sich genommen worden seyn, oder nicht, es mag der verabredete Angriff oder Mord erfolgt seyn, oder nicht.

F. Welche ist die Strafe dieses Verbrechens?

A. Das Gesetz macht bei Bestrafung dieses Verbrechens folgenden Unterschied:

I. Wenn die Bestellung gar nicht angenommen, oder zwar angenommen, doch kein Angriff gemacht worden, so wird der Verbrecher, nemlich derjenige, der den anderen zum Morde bestellet hat, mit hartem Gefäng

fängniß und öffentlicher Arbeit, deren Dauer
nicht unter 5 Jahren, und nicht über 8
Jahre ſeyn darf, beſtrafet. Z. B. Peter
verſpricht dem Paul 100 fl. wenn dieſer
den Johann ermordet, Paul ſchlägt aber
den ganzen Antrag aus, oder nimmt ihn
zwar an, macht aber gar keinen Angriff an
Johann, ſo wird der Peter mit der kurz
vorher beſchriebenen Strafe beleget.

II. Wenn über die Beſtellung zwar der
Angriff, aber nicht der Mord ſelbſt erfolget
iſt, ſo wird der Beſteller mit Gefängniß über
8, doch nicht über 12 Jahre, und mit öffent=
licher Arbeit beſtrafet.

III. Wenn der beſtellte Mord wirklich
vollzogen worden iſt, ſo wird der Beſteller
mit der nemlichen Strafe, wie der Mörder
ſelbſt beſtrafet.

IV. Wenn zwiſchen dem Beſteller zum
Morde, und demjenigen, gegen welchen die
Beſtellung gerichtet iſt, Verhältniſſe ſich ein-
finden, deren ſchon weiter oben bei Beſtrafung
des gemeinen Mordes Erwähnung geſchehen,
ſo hat hier gleiche Verſchärfung der Strafe
in jedem Falle ſtatt zu finden.

Vom

e) Vom Zweykampf.

F. Wer macht ſich des Zweykampfes
ſchuldig?

U. Des Zweykampfes macht ſich
ſchuldig, der jemanden zum Streit mit tödt-
lichen Waffen ausfodert, was immer für eine
Urſache die Ausfoderung veranlaſſet habe.

F. Wann wird dieſes Verbrechen für
vollbracht angeſehen?

U. Dieſes Verbrechen wird ſowohl
von Seite des Ausfoderers, als des Aus-
geſoderten für vollbracht angeſehen, ſobald
ſie ſich zum Streite mit tödlichen Waffen ge-
ſtellet haben, es mag der Tod, oder auch
nur eine Verwundung, allenfalls auch keines
von beiden erfolget ſeyn.

F. Welche iſt die Strafe dieſes Verbrechens?

U. Das Geſetz macht folgenden Unter-
ſchied:

I. Wenn der Tod eines Theiles der
Zweykämpfer erfolget, ſo iſt der Uiberlebende, wenn er der Ausfoderer geweſen, wie
jeder gemeine Mörder anzuſehen, und zu beſtrafen; war aber.

II. Der Uiberlebende der Ausgeſoder-
te, ſo iſt er mit hartem Gefängniß nicht

unter

unter 8 Jahren und nicht über 12 Jahre, und mit öffentlicher Arbeit zu bestrafen.

III. Ist in dem Zweykampf keiner der Streitenden geblieben, so ist der Ausfoderer mit hartem Gefängniß nicht unter einem Monat, und nicht über 5 Jahre, und mit öffentlicher Arbeit, der Ausgefoderte aber mit gelinden Gefängniß nicht unter einem Monat, und nicht über 5 Jahre, jedoch mit keiner öffentlichen Arbeit zu belegen.

F. Welche Rechte hat die Wittwe des Getödteten?

A. Die Wittwe und die Kinder des Getödteten, er mag der ausfodernde oder ausgefoderte Theil gewesen seyn, haben gegen den überlebenden Theil das Recht der vollkommenen Entschädigung.

F. Welche sind Mitschuldige an diesem Verbrechen?

A. Mitschuldige an diesem Verbrechen sind:

I. Die sich zu dem Zweykampf als Beistände, oder sogenannte Sekundanten für einen der Streitenden gestellet;

II. Die zur Ausfoderung, oder zu deren Annehmung auf was immer für eine Art beigetragen, auch schon die, welche demjenigen Verachtung gedrohet, oder bezeiget haben;

ben, der dem Gesetze getreu die Ausfoderung abzuleiten gesucht hat.

F. Welche ist die Strafe der Mitschuld am Zweykampf?

A. Die Strafe der Mitschuld am Zwey= kampf ist gelindes Gefängniß nicht unter ei= nem Monat, und nicht über 5 Jahre, doch ist das Gefängniß gegen die Beistände auf län= gere Zeit auszumessen.

f) Von Abtreibung der Leibesfrucht.

F. Wer macht sich der Abtreibung der Leibesfrucht schuldig?

A. Der Abtreibung der Leibesfrucht macht sich jene Weibsperson schuldig, wel= che weiß, daß sie schwanger ist, und geflis= sentlich was immer für eine Handlung unter= nimmt, welche die Abtreibung der Frucht verursachen, oder ihre Entbindung auf eine solche Art bewirken kann, daß das Kind tot zur Welt kömmt, was immer für ein Bewegungsgrund dieses Laster veranlasset habe.

F. Welche ist die Strafe der Abtreibung?

A. Die Strafe der Abtreibung ist har= tes Gefängniß nicht unter einem Monat, und nicht über 5 Jahre, und öffentliche

Ar=

Arbeit. Diese Strafe ist bei verehelichten Weibspersonen stäts zu verschärfen.

F. Welche sind an diesem Verbrechen mitschuldig?

A. An diesem Verbrechen sind mitschuldig, die die Mittel zur Abtreibung angerathen, solche in dieser Absicht herbeigeschäffet, oder sonst auf was immer für eine Art mit Wissen dazu beigetragen haben, diese Beitragung mag auf Verlangung der Weibsperson, oder ohne dasselbe geschehen seyn.

F. Welche ist die Strafe der Mitschuld an diesem Verbrechen?

A. Die Strafe der Mitschuld an diesem Verbrechen ist gelindes Gefängniß nicht unter einem Monat, und nicht über fünf Jahre und öffentliche Arbeit. Diese Strafe ist zu verschärfen, wenn der Theilnehmer der Vater des abgetriebenen Kindes zu seyn überwiesen wird.

g) Von gefährlicher Weglegung eines Kindes.

F. Wer macht sich der gefährlichen Weglegung eines Kindes schuldig?

A. Der gefährlichen Weglegung eines Kindes macht sich schuldig, wer ein lebens-

bendiges Kind in einem Alter, wo es sich
zu seiner Lebensrettung selbst Hilfe zu verschaffen unvermögend ist, wegleget, um
dasselbe der Gefahr des Todes Preis zu geben, oder auch nur seine Rettung dem Zu-
falle zu überlassen, was immer für eine Absicht ihn zu dem Verbrechen bewogen habe,
ohne Unterschied, ob der Tod des weggelegten Kindes erfolget ist, oder nicht.

F. Welche ist die Strafe dieses Verbrechens?

A. Das Gesetz unterscheidet folgende
Fälle:

I. Wenn die Weglegung an einem einsam-
men, von gewöhnlichem Besuche der Menschen entlegenen Orte geschehen, oder wenn
das abgelegte Kind so verhüllet war, daß
es nicht wohl von den Vorübergehenden er-
blicket werden konnte, oder daß dadurch
sein Wimmern zu vernehmen, wo nicht ge-
hindert wenigstens erschweret ward, so ist
die Strafe hartes Gefängniß über 8, doch
nicht über 12 Jahre.

II. Hat die Weglegung jemand unternommen, dem die natürlichen oder bürgerlichen
Gesetze die Sorgfalt für die Erhaltung des
weggelegten Kindes zur Pflicht machten, so

ist

ist die Strafe ebenfalls hartes Gefängniß über 8, doch nicht über 12 Jahre.

III. Ist der Tod des weggelegten Kindes, bevor es gefunden worden, erfolget, und zwar durch die Weglegung veranlasset worden, so ist die Strafe hartes Gefängniß über 12, doch nicht über 15 Jahre, welches noch, nach dem Grade der dabei untergelaufenen Bosheit zu verschärfen ist.

IV. Wenn die Weglegung an einem gewönlich besuchten Orte, und auf eine Art geschah, daß die baldige Wahrnehmung des Kindes nothwendig war, dann ist die Strafe gelinderes Gefängniß nicht unter einem Monat, und nicht über 5 Jahre und öffentliche Arbeit.

h) Von gewaltsamer Verwundung.

F. Wer macht sich der gewaltsamen Verwundung schuldig?

A. Der gewaltsamen Verwundung macht sich schuldig, der aus Zorn, Rache, Feindschaft, Habsucht, oder sonst einer boshaften Absicht an jemanden gewaltsam Hand legt, wodurch der Angefallene zwar nicht getödtet, aber auf eine beträchtliche Weise verwundet worden.

Welche

F. Welche ist die Strafe dieses Verbrechens?

A. Die Strafe dieses Verbrechens ist
nach dem Grade der unterlaufenen Bosheit,
der gebrauchten Gewalt und der hieraus erfolgten Beschädigung bald hartes, bald gelinderes Gefängniß nicht unter einem Monat,
und nicht über 5 Jahre. Nur, wenn die
Verwundung dem Leben gefährlich ist, oder
den Verlust der Gesundheit auf immer für
eine Art nach sich ziehet, oder sonst ein be-
sonderer Grad der Bosheit mit unterläuft,
wird für solche Fälle das Gefängniß bis auf
8 Jahre erstrecket.

F. Was für Rechte hat der Verwundete?

A. Der Verwundete hat das Recht,
in jedem Falle Genugthuung zu fodern, und
nicht nur ihm, sondern auch seinem Weibe
und seinen Kindern ist das Recht der Entschädigung vorbehalten; wenn die Verwundung auf ihren Nahrungsstand einfließt, oder
denselben auf irgend eine Art Schaden zugezogen hat. Z. B. Jemand hat an einen
Maler gewaltsame Hand gelegt, und ihn
dergestalt in der rechten Hand verwundet,
daß er durch einige Monate nicht malen
kann, so ist der Thäter nicht nur den Maler, sondern auch dessen Ehegattin und Kin-

der

der so lang zu erhalten schuldig, bis der
Maler wieder geheilet ist.

F. Wer macht sich des Verbrechens der
Verstümmlung schuldig?

A. Des Verbrechens der Verstümmlung macht sich schuldig, der jemanden
aus böser Absicht an dessen Gliedern ver-
stümmelt, wenn es auch wirklich auf Verlangen des Verstümmelten geschehen wäre.

F. Welche ist die Strafe dieses Verbrechens?

A. Die Strafe dieses Verbrechens ist
hartes Gefängniß nicht unter einem Monat,
und nicht über 5 Jahre, öffentliche Arbeit.
Diese Strafe ist bei gebrauchter Gewalt und
beträchtlicher Beschädigung zu verschärfen.

F. Was für ein Recht hat der Verstümmelte?

A. Der Verstümmelte, wenn die That
nicht auf sein eigenes Verlangen geschehen,
wie auch sein Weib und seine Kinder haben
das Recht der Entschädigung und vollkommenen Genugthuung.

(i Von der Gewalt an sich selbst durch
Selbstmord.

F. Wer macht sich des Selbstmordes
schuldig?

A. Des Selbstmordes macht sich schuldig, wer sich durch gewaltsame Hand, und

E   eine

eine den Tod befördernde Handlung das Leben raubet, zu einer Zeit, da an ihm kein
Merkmal einer Sinnenverrückung, oder einer
ſchwereren Krankheit, die den Gebrauch der
Vernunft hemmte, wahrzunehmen geweſen.

F. Welche iſt die Strafe des Selbſtmor-
des ?

A. Das Geſetz unterſcheidet folgende
Fälle:

I. Wenn der Thäter ſogleich todt geblieben, oder ohne bezeigte Reue geſtorben
iſt, ſo wird ſein Körper durch den Schinder
eingeſcharret.

II. Wenn er zwiſchen der That und
dem erfolgten Tod Reue gezeigt hat, ſo iſt
ſeinem Körper nur die ordentliche Grabſtät-
te zu verſagen, und er ohne Begleitung und
Gepräng einzugraben.

III. Iſt der Selbſtmord geſchehen, um
ſich der befürchteten Strafe eines begangenen Verbrechens zu entziehen, ſo ſoll der
Name des Selbſtmörders mit dem Innhalte
ſeines Verbrechens, in ſoweit dieſes als ge-
ſetzmäſſig erwieſen angeſehen werden kann,
an den Galgen geſchlagen, und allgemein
kundgemacht werden.

IV. Iſt der Selbſtmord zwar verſucht,
aber ohne Willen und Mitwirkung des Thäters bloß zufällig, oder aus was immer für

an-

anderen Ursachen nicht vollbracht worden,
z. B. wenn sich zwar jemand erhenkt hätte,
jedoch bald darauf von den dazugekommenen
Nachbarsleuten wieder lebendig abgeschnitten worden wäre, so ist er in das Gefängniß zu verschaffen, wo er, indem ihm jede
Handanlegung an sich selbst unmöglich gemacht wird, auf unbestimmte Zeit so lang
verbleibet, bis er durch Unterricht überwiesen, daß die Selbsterhaltung gegen Gott,
gegen den Staat und ihn selbst Pflicht ist,
eine vollkommene Reue zeigt, und Besserung erwarten läßt.

Von Kriminalverbrechen, welche auf die Ehre, und die Freyheit unmittelbar Beziehung haben.

a) Von der Verläumdung.

F. Wer macht sich der Verläumdung als
eines Kriminalverbrechens schuldig?

A. Der Verläumdung als eines Kriminalverbrechens macht sich schuldig, wer
von jemandem, in der sträflichen Absicht,
ihm Schaden zuzufügen, Vortheile, die

E 2   die

dieſer erwarten konnte, abzuwenden, ihm in seinem Rechte Eintrag zu thun, oder ihm ſonſt Unrecht zuzufügen, ein Verbrechen, oder eine geſetzwidrige Handlung angiebt, von deren Gewißheit er nicht überzeugt iſt, ausgenommen der Thäter ſtellte ſich vor der rechtmäſſigen Obrigkeit als Ankläger gegen denjenigen, wider welchen die Angabe gerich= tet iſt.

F. Welche machen ſich ferner dieſes Ver= brechens ſchuldig?.

A. Dieſes Verbrechens machen ſich noch ferner ſchuldig, die, wenn ſie ſich auch vor der rechtmäſſigen Obrigkeit ſtellen, und jemanden eines Verbrechens, oder einer ge= ſetzwidrigen Handlung angeklagt haben, we= der die Wahrheit ihrer Anklage beweiſen, noch einen hinlänglichen Grund, warum ſie dieſelbe unternommen haben, anführen können.

F. Welche iſt die Strafe der Verläum= dung?

A. Nach dem Geſetz ſind folgende Fälle zu unterſcheiden:

I. Wenn die Verläumdung für den Verläumdeten ohne Folge und Nachtheil war, ſo iſt die Strafe gelindes Gefängniß nicht unter einem Monat, und nicht über 5 Jahre, und öffentliche Arbeit, ſo noch

mit

mit Streichen verschärfet werden kann; wofern aber

II. Dem Verläumbeten badurch Scha-
ben zugefügt, oder die Verläumbung aus boshafter Absicht vollzogen worden, so ist die
Strafe hartes Gefängniß nicht unter einem
Monat und nicht über 5 Jahre, und öffentliche Arbeit nebst öffentlicher Bekanntmachung des Verbrechers. Diese Strafe ist,

III. Zu verlängern oder zu verschärfen,
nachdem grössere Bosheit mitunterläuft, der
baburch zugefügte Schaden beträchtlicher,
oder das Band der Verwandtschaft, und die
Pflicht der Ehrfurcht stärker baburch Verletzet worden.

F. Was für ein Recht hat der Verläum-
  dete?

A. Der Verläumbete hat das Recht
der Genugthuung und vollkommenen Entschädigung gegen den Verläumber vorbehalten.

b) Von der Nothzucht.

F. Wer macht sich der Nothzucht schuldig?

A. Der Nothzucht macht sich schuldig,
der eine Weibsperson in der schändlichen Absicht, sie zu mißbrauchen durch gewaltthätige
Bindung oder durch Gehilfen seines Lasters

außer

außer Stand setzet, seinen sträflichen Begier-
den Widerstand zu leisten, und der sie dann
in einem solchen gewaltsamen Zustande wirklich mißbrauchet. Imgleichen, wer durch
vorgezeigte mörderische Waffen und Drohungen sich derselben zu gebrauchen, eine
Weibsperson zur Duldung der schändlichen
Mißbrauchung nöthiget.

F. Welche ist die Strafe der Nothzucht?

A. Die Strafe der Nothzucht ist hartes Gefängniß nicht unter 8, und nicht über
12 Jahre, und öffentliche Arbeit, welche
nach dem Grade der angewendeten Gewaltthätigkeit, oder des der Gemißbrauchten zugefügten Schadens zu verschärfen ist.

F. Was für ein Recht hat die beleidigte
   Weibsperson?

A. Die beleidigte Weibsperson hat das
Recht der Genugthuung und vollkommener
Entschädigung gegen den Beleidiger, und ihr
ist auch eine dem Vermögen des Verbrechers
angemessene reichliche Versorgung zuzuer-
kennen.

F. Welche ist die Strafe der Hilfleistung
   bei einer Nothzucht?

A. Die Strafe der Hilfleistung bei
einer Nothzucht ist hartes Gefängniß nicht
unter 5 und nicht über 8 Jahre, und öffentliche

liche Arbeit, so nach Umständen auch mit
Streichen verschärfet werden kann.

F. Wozu sind die Gehilfen noch ferner
verbunden?

A. Die Gehilfen sind noch ferner der
beleidigten Weibsperson ebenfalls zur Genugthuung, Entschädigung und Versorgung
verpflichtet, soweit das Vermögen des Verbrechers allein nicht zureichen sollte.

c) Vom Menschenraub.

F. Wer macht sich des Menschenraubes
schuldig?

A. Des Menschenraubes macht sich
schuldig, wer ohne Vorwissen und Einwilligung der rechtmässigen Obrigkeit eines innerhalb den Grenzen des Staates sich auf-
haltenden Menschen mit List oder Gewalt sich
bemächtiget, um denselben wider seinen Willen an einen fremden Staat, eine auswär-
tige Macht, oder sonst innerhalb des Landes
in eine unrechtmässige Gewalt zu überliefern.

F. Welche ist die Strafe des Menschenraubes?

A. Die Strafe des Menschenraubes
ist hartes Gefängniß nicht unter 15, und
nicht über 30 Jahre, welche Strafe noch
zu verschärfen ist, wenn der Thäter ein Landeskind wäre.

Wer

F. Wer macht sich noch ferner des Menschenraubes schuldig?

A. Des Menschenraubes macht sich noch ferner schuldig, wer innerhalb den Landesgrenzen in fremde Kriegsdienste, oder zur Ansiedlung in fremde Länder wirbt, obwohl dabei keine List oder Gewalt gebraucht worden, und der Anwerber ein Landeskind desjenigen Staates wäre, dem er dadurch gedienet hat.

F. Wie wird ein falscher Werber bestrafet?

A. Wer in fremde Kriegsdienste wirbt, oder wer einen zu unserem Militärkörper gehörigen Mann auch nur zur Ansiedlung in fremde Länder wirbt, ist nach Kriegsgesetzen zu bestrafen, worüber auch nur die Militärgerichte zu urtheilen haben. Geschieht aber die Werbung außer den erst angezeigten Fällen, so ist die Strafe anhaltende öffentliche Arbeit nicht unter 8, und nicht über 12 Jahre die zu verschärfen ist, wenn der Thäter ein Landeskind ist, oder der Geworbene wirklich außer Landes gesetzet worden.

F. Wer ist noch als Menschenräuber zu betrachten?

A. Als Menschenräuber ist noch zu betrachten, der ein minderjähriges, unter des Vaters, Vormundes, oder sonst in einer

ner Verſorgung ſtehendes Kind mit Gewalt
oder Liſt, ſeinem Vater, Vormunde oder
Verſorger in Geheim entführet, wasimmer
für eine Abſicht dieſe Entführung zum Grunde habe, und es mag dem Kinde daraus ein
Nachtheil zugehen oder nicht.

F. Welche iſt die Strafe dieſes Verbrechens?

A. Wenn dem geraubten Kinde kein
Uibel zugefügt worden, ſo iſt die Strafe gelindes Gefängniß nicht unter einem Monat
und nicht über 5 Jahre. Iſt mit dem Rau-
be des Kindes ein anderes Verbrechen begleitet, dann iſt entweder die härtere auf dieſes
andere Verbrechen geſetzte Strafe des Raubes wegen zu verſchärfen, oder die gelindere
Strafe in hartes Gefängniß nicht unter 8,
und nicht über 12 Jahre und öffentliche Arbeit zu verwandeln. Dieſe Art der Strafe
findet auch dann ſtatt, wenn ein Kind in der
Abſicht geraubet wird, um es einer anderen
Religion, als in der es geboren iſt, zuzu-
führen.

d) Von der Entführung.

F. Wer macht ſich des Verbrechens der
Entführung ſchuldig?

A. Des Verbrechens der Entführung
macht ſich ſchuldig, der eine Weibsperſon

in

in der Absicht, von ihr für sich, oder einen anderen zur Heirath oder Unzucht die Einwilligung zu bewirken, wider ihren Willen mit Gewalt oder List bemächtiget, und sie ungehindert ihres Widerspruchs oder Widerstands von dem Orte ihres Aufenthalts wegführt, es möge nun der Thäter seine Absicht erreicht haben, oder nicht.

F. Welche ist die Strafe dieses Verbrechens?

A. Die Strafe dieses Verbrechens ist hartes Gefängniß nicht unter 5, und nicht über 12 Jahre, und öffentliche Arbeit nebst der allgemeinen Bekanntmachung des Thäters.

F. Was für ein Recht hat die Entführte?

A. Die Entführte hat das Recht der Genugthuung und vollkommenen Entschädigung gegen den Entführer.

F. Wer macht sich noch ferner der Entführung schuldig?

A. Der Entführung macht sich noch ferner schuldig, der eine Weibsperson, von der er weiß, daß sie einem rechtmässigen Ehegatten angehöre, oder unter ihres Vaters, Vormundes, oder sonst einer rechtmässigen Gewalt stehe, der rechtmässigen Gewalt dieser Angehörigen entziehet.

Wel-

F. Welche ist die Strafe dieses Verbrechens?

U. Die Strafe dieses Verbrechens ist gelinderes Gefängniß nicht unter einem Monat, und nicht über 5 Jahre, und öffentliche Arbeit.

F. Welche ist die Strafe der Hilfleistung bei diesem Verbrechen?

U. Die Strafe der Hilfleistung bei diesem Verbrechen, es möge nun die Hilfleistung in Beförderung oder Verheelung der That bestanden seyn, ist gelindes Gefängniß nicht unter einem Monat und nicht über 5 Jahre.

e) Von unberechtigter Gefangenhaltung.

F. Wer macht sich des Verbrechens der unberechtigten Gefangenhaltung schuldig?

U. Des Verbrechens der unberechtigten Gefangenhaltung macht sich schuldig, dem vermög den Gesetzen und der Landesverfassung, die obrigkeitliche Gewalt, und das hieraus fließende Recht, unter der Gerichtsbarkeit Stehende gefänglich einzuziehen nicht zukömmt, und der jemanden wider dessen Willen eigenmächtig in ein Gefängniß setzt, ihn verschlossen hält, oder auf was im-

immer für eine Art in dem Gebrauch der
Freyheit hindert, was auch für eine Abſicht ihn dazu veranlaſſet habe.

F. Welche Fälle ſind hievon ausgenom-
    men?

A. Hievon ſind folgende Fälle ausgenommen:

I. Wenn ein erkannter Miſſethäter,
oder

II. Ein ſolcher, der mit Grund für
einen der gemeinen Sicherheit ſchädlichen,
oder gefährlichen Menſchen angeſehen worden, ſo lange verſchloſſen gehalten wird, bis
er der ordentlichen Obrigkeit übergeben werden kann;

III. Wenn ein Vater ſein minderjähriges, oder

IV. Ein Pflegvater ein in ſeiner Verſorgung ſtehendes Kind zur häuslichen Züchtigung verſchloſſen hält.

F. Wie hat ſich aber derjenige, der einen
    erkannten Miſſethäter, oder gemein-
    ſchädlichen Menſchen verſchloſſen hält,
    zu benehmen?

A. Er muß zugleich mit der Verhaft-
nehmung die Anzeige an die rechtmäſſige
Obrigkeit machen, und wenn er dieſes un-
terläßt, wird er des Verbrechens der eigenmächtigen Gefangenhaltung ſchuldig.

Wie

F. Wie muß die häusliche Züchtigung der Aeltern und Pflegältern durch Gefangenhaltung der Kinder beschaffen seyn?

A. Sie muß so beschaffen seyn, daß sie mit keinem Ungemach verschärfet werde, welches der Gesundheit, oder vielleicht gar dem Leben des Kindes gefährlich werden könnte. Auch darf sie nicht über 3 Täge dauren.

F. Welche ist die Strafe der eigenmächtigen unberechtigten Gefangenhaltung?

A. Die Strafe der eigenmächtigen unberechtigten Gefangenhaltung ist gelindes Gefängniß nicht unter einem Monat, und nicht über 5 Jahre, welches nur dann in der Verschärfung und Dauer strenger seyn soll, wenn dem Angehaltenen durch die Gefangensetzung Schaden zugefügt, oder mit der entzogenen Freyheit noch anderes Ungemach vereinbaret worden.

F. Was für Rechte hat der Beleidigte?

A. Der Beleidigte hat das Recht der Genugthuung und vollkommenen Entschädigung gegen den Thäter vorbehalten.

Vom

Von Kriminalverbrechen, welche auf Vermögen und Rechte Beziehung haben.

a) Vom Trug.

F. Wer macht sich im allgemeinen des Trugs schuldig?

A. Im allgemeinen macht sich des Trugs schuldig, jeder, der durch was immer für Ränke und List fremdes Eigenthum an sich zu ziehen, oder jemanden aus böser Absicht an Vermögen, Ehre, Freyheit, oder seinen Rechten zu schaden sucht, ohne Rücksicht auf die Mittel, deren sich der Betrüger bedienet, und ohne darauf zu sehen, ob er seine Absicht wirklich erreicht habe, oder nicht.

F. Wer macht sich insbesondere des Truges schuldig?

A. Insbesondere macht sich des Trugs schuldig:

I. Der Urkunden erfindet, mit oder ohne Nachahmung fremder Hand, die Unterschriften der Partheyen ohne ihr Wissen entweder selbst beisetzet, oder durch andere beisetzen läßt, oder, der bei schon verfertigten ächten Urkunden ohne Vorwissen und Einwilligung der Theilnehmenden und zu ihrem

rem Nachtheile an dem Innhalte Aenderun-
gen macht, da er z. B. ganz neue Verbindlichkeiten hinzuſetzt oder die beſtehenden ver-
gröſſert, feſtgeſetzte Verbindlichkeiten ganz
auslischt, oder dieſelben vermindert, der alſo
in was immer für einer Art unächte und falſche Urkunden als ächte und wahre geltend
zu machen ſucht, oder den Sinn und In-
halt wahrer Urkunden verfälſchet.

II. Derjenige, welcher in ſeiner eigenen oder einer fremden Sache falſches Zeig-
niß vor Gericht ablegt, oder jemanden zur
Ablegung eines falſchen Zeigniſſes beredet,
es mag dieſe Beredung zu eigenem oder eines
Dritten Vortheil gereichen, die Zeigenſchaft
mag eidlich beſtättiget ſeyn, oder nicht, und
der falſche Zeig möge ſeine Abſicht erreicht haben, oder nicht.

III. Derjenige, der falſche Namen,
Würden, Karakter und Stand annimmt,
landesfürſtliche oder obrigkeitliche Aufträge
lügt, ſich für den Eigenthümer eines fremden Vermögens ausgiebt, und ſonſt unter
erborgtem Scheine ſich unrechtmäiſigen Gewinn zueignet, jemanden an Vermögen,
Ehre, Freyheit oder anderen Rechten Schaden zufügt, oder jemanden zu Handlungen
verleitet, zu denen derſelbe ohne den ihm
mit

mitgespielten Betrug nicht würde verstanden
haben.

IV. Derjenige, der den minder aufge-
klärten Geist irgend eines Menschen, seine
ungeläuterten Religionsbegriffe oder Vorur-
theile mißbraucht, um ihn zu gesetzwidrigen, oder solchen Handlungen zu verleiten,
die ihm selbst oder anderen zum Nachtheil
gereichen. Z. B. wenn jemand durch vor-
gebliche Zauberey, Hexerey, Geisterbeschwö-
rung und der gleichen abergläubische Vor-
wände andere zu hintergehen, und in Schaden zu bringen suchte, oder wenn jemand
einen anderen durch List und falsche Vorspieg-
lungen zum Schatzgraben und anderen dergleichen gesetzwidrigen Handlungen verführ-
te, u. s. w.

V. Ein Rechtsfreund, oder Sachwal-
ter, wenn er zum Schaden der Parthey,
die sich seiner Vertheidigung anvertrauet,
der Gegenparthey Geheimnisse verräth, welche ihm in der Rechtssache, die er zu ver-
treten übernommen, bekannt gemacht worden, oder, wenn er dem Gegentheil in Ver-
fassung der Rechtsschriften behilflich ist,
oder sonst mit Rath und That wider seine
eigene Parthey an die Hand geht.

Wel-

F. Welche ist die Strafe des Trugs?

A. Die Strafe des Trugs läßt sich im allgemeinen nicht bestimmen, weil die Gattungen der Betrügereyen zu mannigfaltig sind. Insgemein wird der Trug bald mit hartem, bald mit gelinderem Gefängniß, und öffentlicher Arbeit, bald auf längere, bald auf kürzere Dauer bestrafet; wobei dem Betrogenen und Beschädigten das Recht auf Genugthuung und vollkommene Entschädigung vorbehalten bleibt. Nach Umständen kann auch jede andere strengere Strafe gegen dieses Verbrechen verhängt werden.

F. Wann ist die Strafe des Trugs zu verschärfen?

A. Die Strafe des Trugs ist allzeit zu verschärfen, wenn jemand aus dem Betrug einen wirklichen, beträchtlichen Schaden, oder den Verlust eines rechtmässigen Vortheiles erlitten hat; wenn die gebrauchte List von solcher Art war, daß sich dagegen vorzusehen, oder sie zu verhindern nicht wohl möglich gewesen; wenn der Thäter seine Betrügereyen öfters wiederholt hat, oder dieses Verbrechens wegen bereits bestrafet worden; wenn der Betrüger wegen des näheren Verhältnisses, worinn er mit dem Betrogenen stand, auch das in ihr gesetzte billige

F   Zu-

Zutrauen gemißbraucht hat; wenn der Betrüger eine weſentliche ihm bekannte Pflicht
des Amtes, worüber er dem Landesfürſten,
oder ſeinem Dienſtherrn den Eid geſchworen hat, verletzet; wenn das falſche Zeugniß
mit einem Eide begleitet worden.

b) Vom Diebſtahl.

F. Wer macht ſich eines Diebſtahles
ſchuldig?

A. Eines Diebſtahles macht ſich ſchuldig, wer fremdes, bewegliches Gut dem
Beſitzer, oder Eigenthümer ohne Vorwiſſen
und Einwilligung deſſelben betrüglicher Wei-
ſe entzieht.

F. Wann iſt der Diebſtahl ein Kriminalverbrechen?

A. Der Diebſtahl iſt ein Kriminalverbrechen, wenn entweder der Werth des auf
einmal, oder in wiederholten Angriffen geſtohlenen Gutes nicht geringſchätzig iſt, d.
i. die Summe von 25 fl. nach der Wienerwährung überſteiget, oder wenn auch weniger, als 25 fl. geſtohlen worden, jedoch die
Art der Entziehung von einem der gleich nach-
folgenden beſchwerenden Umſtände von No.
3 bis No. 13. begleitet iſt.

Iſt

F. Iſt Unter dieſen beiden Ruͤckſichten
der Diebſtahl allzeit ein Kriminalverbrechen?

A. Unter dieſen beiden Ruͤckſichten iſt
der Diebſtahl allzeit ein Kriminalverbrechen,
ohne darauf zu ſehen, ob der Eigenthuͤmer
in der Verwahrung ſeiner Sachen vielleicht
zu ſorglos geweſen, und auf ſolche Art den
Diebſtahl ſelbſt veranlaſſet, und erleichtert
habe, oder, ob die Zuruͤckſtellung des Geſtohlenen geſchehen, und dem Beſtohlenen
Entſchaͤdigung geleiſtet worden ſey oder nicht.

F. Wie aber, wenn vor der gerichtlichen
Entdeckung eine freywillige Zuruͤckgabe
des geſtohlenen Gutes geſchehen iſt?

A. So hoͤrt es auf ein Kriminalverbrechen zu ſeyn, es waͤre denn, daß dem Beſtohlenen durch den mittlerweiligen Entgang
des geſtohlenen Gutes ein Schaden von
mehr als 25 fl. waͤre zugezogen worden.

F. Wer macht ſich noch ferner eines Dieb-
ſtaͤhles ſchuldig?

A. Des Diebſtahles macht ſich noch
ferner ſchuldig, der ein ihm zur Verwahrung, Beſorgung, Verkaufung, Bearbei-
tung vertrautes fremdes Gut dem Eigen-
thuͤmer ganz, oder zum Theile vorenthaͤlt,
und ſich zueignet. Imgleichen, der recht-

F 2   maͤſ-

mäſſigen Gläubigern einen Theil ſeines Vermögens, von dem ſie ihre Bezahlung erhalten ſollten, verſchweigt, vorenthält, und
auf was immer für eine Art entzieht.

F. Welche iſt die Strafe des Diebſtahles?

A. Die Strafe des Diebſtahles, den
keine beſchwerenden Umſtände begleiten, iſt
hartes Gefängniß nicht unter einem Monat,
und nicht über 5 Jahre, und öffentliche Arbeit.

F. Welche ſind dieſe beſchwerenden Umſtände?

A. Dieſe beſchwerenden Umſtände ſind
folgende:

1. Wenn der Diebſtahl von einem Dienſt-
bothen an dem Dienſtherrn, oder der Dienſt-
frau,

2. Von einem Handwerker oder Taglöh-
ner an dem Meiſter, oder demjenigen, der
ihn zur Arbeit bedungen hat,

3. Zur Nachtszeit,

4. An einem verſperrten Gute, und eben-
ſo in einer mit Mauer, Umzäunung, oder
auf andere Art eingefangenen Waldung,

5. In Geſellſchaft mehrerer Diebsgenoſ-
ſen geſchehen,

6. Während der Feuersbrunſt,

7.

7. Bei Gelegenheit eines Schiffbruchs, oder anderen Waſſernoth,

8. Zur Zeit einer herrſchenden Seuche, oder

9. Sonſt in einem Zeitpunkte begangen worden, da der Beſtohlene wegen eines ihm zugeſtoſſenen Drangſales ſeine Sachen zu bewahren weniger fähig war, wenn

10. An einem Gott geweihten Orte geſtohlen worden, wenn

11. Dem Eigenthümer, entweder, weil er nur ein geringes Vermögen beſitzt, oder weil

12. Der Werth des geſtohlenen Gutes ſehr beträchtlich iſt, ein empfindlicher Schaden zugefügt, oder

13. Der Diebſtahl von jemandem begangen worden iſt, dem das geſtohlene Gut, es ſey landesfürſtlich, oder privat, unter Eid oder obrigkeitlicher Verpflichtung anvertrauet geweſen.

F. Welche iſt die Strafe des von beſchwerenden Umſtänden begleiteten Diebſtahles?

A. Wenn der Diebſtahl von den in No. 4. 5. 11. und 12. angezeigten beſchwerenden Umſtänden begleitet iſt, das heißt, wenn der Diebſtahl zur Nachtszeit, an einem

nem

nem versperrten oder umzäunten Gute, an
einem Gott geweihten Orte, oder an einer
Person, die ein sehr geringes Vermögen be-
sizt, begangen worden, so ist die Strafe Gefängniß nicht unter 5 und nicht über 8 Jahre, und öffentliche Arbeit. Bei allen übrigen beschwerenden Umständen aber kann
die Gefängniß- und öffentliche Arbeitstrafe
sogar bis auf 12 Jahre erstrecket werden.

F; Was für ein Recht hat der Beschädigte?

A. Der Beschädigte hat ungehindert der
öffentlichen Bestrafung des Diebes das Recht
der Genugthuung und vollkommenen Entschädigung vorbehalten, wenn also gleich der
Dieb die öffentliche Strafe ausgestanden
hat, so ist er doch schuldig, das entfrem-
bete Gut zurückzustellen, oder den zugefügten
Schaden auf andere Art zu ersetzen, denn
dieses ist keine zweyte Strafe, sondern es
fließt aus der Natur jeder Beleidigung selbst,
daß derjenige, der jemandem Schaden zugefügt hat, ihm diesen Schaden wieder gut
mache.

F. Welche sind Mitschuldige an einem
   Diebstahl?

A. Mitschuldige an einem Diebstahl
sind, die mit Wissen gestohlnes Gut kau-
                                    fen,

fen, verkaufen, felbes verheelen, bei Ausübung eines Diebstahles auf der Wache
stehen, die Gelegenheit zum Diebstahle
ausspähen, und überhaupt mittelbar oder
unmittelbar zu dem Diebstahle, auch nur
mit gegebenem Rathe helfen, wenn sie auch
sonst an dem gestohlenen Gut nicht Hand
angelegt, oder Theil genommen haben.

F. Welche ist die Strafe der Mitschuld,
oder Theilnehmung?

A. Die Strafe der Mitschuld oder
Theilnehmung ist gelinderes Gefängniß und
öffentliche Arbeit nicht unter einem Monat,
und nicht über 5 Jahre.

c) Vom Raub.

F. Wer macht sich eines Raubes oder
räuberischen Angriffes schuldig?

A. Eines räuberischen Angriffes macht
sich schuldig, wer um einen Diebstahl auszuü-
ben allein, oder in Gesellschaft mit mehreren eindringt, an eine Person gewaltsame
Hand leget, und sich entweder mit ange-
drohter, oder wirklicher Mißhandlung zur
Entdeckung des Guts, worauf seine räuberische Absicht gerichtet ist, zwingt. Ist der
Diebstahl darauf erfolget, so heißt er Raub,
z. B. jemand dringt in mein Zimmer, hält

F 4

mir

mir die Pistole vor, und droht, mich zu erschießen, wenn ich ihm nicht sage, wo ich mein Geld aufbewahret habe, so ist es ein räuberischer Angriff, trägt er das Geld wirklich mit sich fort, so ist es ein Raub.

F. Wer begeht noch ferner einen räuberischen Angriff und Raub?

A. Einen räuberischen Angriff und Raub begeht noch ferner derjenige, der auf offener Landstrasse einen Reisenden, oder sonst einen Wandelnden auf freyem Wege anfällt, um ihm, was er an Gut oder Vermögen bei sich führet, ganz, oder zum Theile abzunehmen, oder der es wirklich abnimmt, obgleich die That mit keiner Handanlegung begleitet war.

F. Welche ist die Strafe des räuberischen Angriffes oder Raubes?

A. Das Gesetz unterscheidet folgende Fälle:

I. Wenn der räuberische Angriff oder Raub mit einer Gewaltthätigkeit begangen, wodurch die angegriffene Person verwundet worden, so ist die Strafe hartes Gefängniß nicht unter 15 und nicht über 30 Jahre, und wenn die That mit einer besonderen Grausamkeit verübet worden, ist die Strafe Anschmiedung nicht unter 15, und nicht über 30 Jahre. Ist aber

II.

II. Der Raub ohne solche Gewaltthätigkeit verübet worden, so ist wider den Verbrecher hartes Gefängniß nicht unter 8, und
nicht über 12 Jahre zur Strafe zu verhängen. Wäre endlich

III. Der räuberische Angriff mit mör-
derischen Waffen, oder in Gesellschaft mehrerer Räuber, oder in einem einsam gelege-
nen, von Menschen selten besuchten Hause
geschehen, so ist die Strafe hartes Gefängniß
unter 12, und nicht über 15 Jahre.

F. Was für ein Verbrechen begeht derjenige, der fremdes Vieh von dem Trie-
be oder der Waide stiehlt?

A. Wer fremdes Vieh von dem Trie-
be, oder der Waide stiehlt, begeht einen
Raub, und ist daher als Räuber zu bestrafen.

F. Wie wird er aber bestrafet?

A. Er wird mit hartem Gefängniß
nicht unter 5, und nicht über 8 Jahre und
öffentlicher Arbeit bestrafet.

d) Von der Brandlegung.

F. Wer macht sich der Brandlegung schuldig?

A. Der Brandlegung macht sich
schuldig, wer etwas, wodurch Feuer entstehen kann, mit Vorsatz, und in der bos-

haf-

haften Absicht unternimmt, entweder, um
dadurch zu schaden, oder um sich Gelegen=
heit zu verschaffen, die bei dem Brande herr=
schende Unordnung zur Ausführung eines
bösen Anschlages, oder eines Verbrechens
zu benutzen, es möge nun die Flamme aus=
gebrochen, oder erstickt worden, oder der
entstandene Schaden wichtig oder unbeträcht=
lich seyn.

F. Welche ist die Strafe der Brandle=
gung?

A. Bei Bestrafung dieses Verbre=
chens sind folgende Fälle zu unterscheiden:

I. Die Strafe der Brandlegung über=
haupt ist hartes Gefängniß nicht unter 8,
und nicht über 12 Jahre, und öffentliche
Arbeit, jedoch nur dazumal, wenn die Flam=
me ohne Wirkung erstickt worden. Wäre
hingegen,

II. Die Brandlegung 1) zur Nachts=
zeit, 2) an einem einsam entlegenen Orte,
3) an einem Lager, 4) an Magazinen,
5) in Waldungen, 6) auf Holzstätten,
7) in Scheuern, 8) an Früchten auf dem
Felde, 9 an Oertern, die zur Aufbewah=
rung des Pulvers oder anderer brennbaren
Materien bestimmt sind, oder endlich 10)
unter solchen Umständen, welche zugleich
dem

dem Leben der Menschen Gefahr bringen,
verübet worden, so ist die Strafe hartes
Gefängniß nicht unter 15, und nicht über
30 Jahre, wenn auch wirklich der Brand
wirkungslos geblieben wäre.

III. Wenn die Flamme ausgebrochen,
und 1) einem, oder mehreren Menschen
die Ursache des Todes geworden, oder wenn
2) die Brunst beträchtlich geschadet, Erar-
mungen nach sich gezogen, 3) das Verbrechen von dem Thäter wiederholt begangen
worden, oder 4) sonst ein Umstand anzeigt,
daß eine besondere Bosheit damit verbunden
war, dann ist die Strafe hartes Gefängniß und öffentliche Arbeit nicht unter 30
und nicht über 100 Jahre, welche Strafe
nach Verschiedenheit der Umstände noch
durch Züchtigung mit Streichen und Fasten
verschärfet werden kann. Außer dem,
wenn

IV. die Flamme ausgebrochen, ist
die Strafe hartes Gefängniß nicht unter 12,
und nicht über 15 Jahre, und öffentliche
Arbeit.

F. Was für ein Recht hat der Beschädigte?

A. Der Beschädigte hat das Recht
der Genugthuung, und vollkommenen
Ent-

Entschädigung gegen den Thäter vorbehalten.

F. Wie sind jene zu bestrafen, die in Kriegszeiten Feuer anlegen?

A. Jene, die in Kriegszeiten vorsätzlich in Freundes, oder auch ohne Befehl in Feindes Lande Feuer anlegen, sind nach Kriegsgesetzen abzustrafen, und haben hierüber nur die Militärgerichte zu urtheilen.

e) Von zweyfacher Ehe.

F. Wer macht sich des Verbrechens der zweyfachen Ehe schuldig?

A. Des Verbrechens der zweyfachen Ehe macht sich schuldig, wer durch das Band gültiger Ehe gebunden, mit einer anderen Person, sie sey ledig, oder verheurathet, eine zweyte Ehe schließt.

F. Welche ist die Strafe dieses Verbrechens?

A. Man unterscheide folgende Fälle:

I. wenn jener Theil, mit welchem der Verbrecher die zwote Ehe schließt, von dem Band der ersten Ehe gewußt hat, so wird der Verbrecher mit hartem Gefängniß nicht unter 5, und nicht über 8 Jahre, oder mit öffentlicher Arbeit bestrafet, der Theilnehmer aber mit gelindem Gefängniß

nicht

nicht unter einem Monat und nicht über
5 Jahre, oder mit öffentlicher Arbeit.
Wenn hingegen

II. dem Theile, mit welchem die
zwote Ehe geschlossen worden, das Band
der ersten Ehe verborgen war, so wird der
Verbrecher mit einer seinem Betrug ange-
messenen Strafe beleget, und dem unschul-
digen Theile bleibt das Recht der Genugthuung und vollkommenen Entschädigung vorbehalten.

Von Erlöschung der Verbre-
chen und Strafen.

F. Auf welche Arten erlöschen die Verbrechen und Strafen?

A. Die Verbrechen und Strafen erlöschen auf folgende Arten:

I. Durch den Tod des Thäters,

II. Durch die Begnädigung,

III. Durch das Lossprechungsurtheil,
und endlich wird IV das Verbrechen auch nach
ausgestandener Strafzeit für getilgt angesehen.

Wie

F. Wie erlischt die Strafe durch den Tod des Verbrechers?

A. Durch den Tod des Verbrechers erlischt das Verbrechen, derselbe mag vor, oder nach seiner Einziehung, vor, oder nach eingeleiteter Untersuchung, vor, oder nach geschöpftem Urtheile gestorben seyn. Wenn jedoch ein Verbrechen unter dem Volke größere Aufmerksamkeit und weiter verbreitetes Aergerniß erreget haben, oder, wofern vor dem Tode des Verbrechers das Urtheil auf eine langwierige Strafe geschöpfet worden, so wird der Name des Verbrechers, die begangene Missethat und das hierauf erfolgte Kriminalurtheil in einer Anzeige an einen Galgen geschlagen, und allgemein durch öffentliche Zeitungsblätter bekannt gemacht.

F. Wie erlischt die Strafe durch die Begnädigung?

A. Die Strafe erlischt durch die Begnädigung, wenn der Landesfürst oder eine zur Begnädigung berechtigte untergeordnete Obrigkeit nach den genauesten Schranken der ihr eingeräumten Gewalt, die verhängte Strafe ganz, oder zum Theile nachgesehen hat.

F. Wie, wenn nur ein Theil der Strafe nachgesehen worden?

Wenn

A. Wenn nur ein Theil der Strafe, z. B. bei dem Gefängniß die Züchtigung mit Streichen nachgesehen worden, so ist das Verbrechen erst dann für erloschen anzusehen, wenn der nicht nachgesehene Theil der Strafe erfüllet ist, also im vorigen Beispiele, wenn der Verbrecher die Zeit seiner Gefängnißstrafe vollkommen erfüllet hat.

F. Wie erlischt die Strafe durch das Lossprechungsurtheil?

A. Durch das Lossprechungsurtheil erlischt die Strafe, wenn jemand von der rechtmäßigen Kriminalbehörde nach gepflogener rechtlichen Untersuchung von dem ihm zur Last gelegten Verbrechen losgesprochen worden, und im Urtheile erkläret wird, daß seine Unschuld für erwiesen erkennet werde, denn ein solcher kann des nemlichen Verbrechens wegen nicht nochmal in Untersuchung gezogen werden.

F. Wie aber, wenn jemand bloß darum losgesprochen worden, weil man ihn für jetzt nicht rechtmäßig überweisen konnte?

A. So findet eine abermalige Untersuchung Platz, sobald neue Beweise hervorkommen, von denen dem Richter bei Schöpfung des ersten Urtheiles nichts bekannt gewesen ist.　　　　　　　　Wie

F. Wie wird das Verbrechen durch die ausgeſtandene Strafe getilget?

A. Das Verbrechen wird durch die ausgeſtandene Strafe alſo getilget, daß der Verbrecher, wie bei der Begnädigung von ſeiner Uibelthat, als vollkommen gereiniget anzuſehen, und in alle gemeinſchäftlich bürgerlichen Rechte, in ſoweit ihr Verluſt nicht etwan ſne Folge, oder ein ausdrück- licher Theil des Strafurtheils geweſen, abermal eintritt. Ein ſolcher darf daher von niemandem in bein Genuß ſeiner Rechte geſtöhret, oder gekränket werden, und ſo- lang er ſeinen künftigen Wandel unbeſchol- ten, und mit Rechtſchäffenheit fortſetzt, iſt ihm kein Vorwurf ſeines begangenen Ver- brechens wegen zu machen.

F. Hat künftig gegen Verbrechen und Strafen eine Verjährung ſtatt?

A. Gegen Verbrechen und Strafen hat künftig keine Verjährung mehr ſtatt, und der Verbrecher wird nach dem Geſetz beſtrafet, was immer für eine Zwiſchenzeit von dem begangenen Verbrechen bis zur Entdekung deſſelben verfloſſen ſeyn mag.

———

Zwey-

Zweyter Theil.

Von
politischen Verbrechen
und
politischen Strafen.

Zweyter Theil.

Von politischen Verbrechen und politischen Strafen.

Von politischen Verbrechen überhaupt.

F. Was ist ein politisches Verbrechen?

A. Für ein politisches Verbrechen wird nur dasjenige gehalten, welches in dem neuen Strafgesetz als ein solches erkläret worden. Jene Handlungen also, die in diesem Gesetz nicht ausdrücklich genannt sind, gehören nicht unter die politischen Verbrechen.

F. Kann man also alle jene Handlungen straffrey begehen, die in dem neuen Strafgesetz weder als Kriminal = noch als politische Verbrechen erkläret worden?

Keines=

A. Keineswegs, denn die übrigen ge‐
setzwidrigen Handlungen werden von der öf‐
fentlichen Aufsicht nicht unbeobachtet, noch
bei ihrer Entdeckung straflos bleiben, son‐
dern nach den hierüber bestehenden besonde‐
ren Verordnungen bestrafet werden.

F. Wer kann ein politisches Verbrechen
begehen?

A. Ein politisches Verbrechen kann
nur derjenige begehen, der den Gebrauch
der gesunden Vernunft, und freyen Willen
hat. Daher können Rasende, vollkommen
und zufälliger Weise Betrunkene, Kinder un‐
ter 12 Jahren, und jene, die aus unwider‐
stehlicher Gewalt, oder unvermeidlichen Irr‐
thum gehandelt haben, kein politisches Ver‐
brechen begehen.

F. Macht sich nur derjenige allein eines
politischen Verbrechens schuldig, der
die Handlung selbst ausgeübet hat?

A. Nicht nur der Thäter allein, der
die Handlung selbst ausgeübet, und jeder,
der zu der That mit freyem Willen mitge‐
wirket hat, sondern auch jeder, der wissent‐
lich die That veranlasset, oder aus selber
Vortheil gezogen hat, macht sich eines poli‐
tischen Verbrechens schuldig.

Ist

F. Ist der bloſſe Verſuch einer Handlung ſchon ein politiſches Verbrechen?

A. Der bloſſe Verſuch iſt kein politiſches Verbrechen, dieſer Verſuch mag ſich durch was immer für äußerliche Kennzeichen geoffenbaret haben, oder die That mag in der Folge aus was immer für Umſtänden unterblieben ſeyn. Z. B. in einem Hauſe haben mehrere ſich zuſammengeſetzet, um ein verbotenes Spiel zu ſpielen, ſchon waren ſie über die Gattung des Spieles und über die Summe einig, als ein Dritter, eh ſie noch anfiengen, dazukömmt, und ſie in ihrem Unternehmen ſtöhrt, ſo haben dieſe Leute ſich noch keines politiſchen Verbrechens ſchuldig gemacht, denn ob ſie gleich alle den Vorſatz hatten, ein verbotenes Spiel zu ſpielen, ſo iſt doch ihr Verſuch nicht zur That gereifet.

F. Nach welchem Geſetz geſchieht die Anſchuldigung eines politiſchen Verbrechens?

A. Die Anſchuldigung eines politiſchen Verbrechens geſchieht nach dem Geſetz desjenigen Ortes, wo die That begangen worden.

Wie

F. Wie, wenn ein erbländischer Unterthan
in einem fremden Lande ein politisches
Verbrechen begangen hat?

A. So wird er nur dazumal nach dem
neuen Gesetz bestrafet, wenn er sich eigent-
lich zu Verübung dieses Verbrechens in das
fremde Land begeben hat. In einem solchen
Falle ist die That so zu behandeln, als wäre
sie in dem Orte begangen worden, auf welchen sie wirket. Z. B. wenn jemand sich
mit einem Frauenzimmer eigens in der Absicht in ein fremdes Land flüchtet, um mit
ihr dort eine Ehe zu schliessen, die nach un-
seren Gesetzen nichtig ist, so wird er so bestrafet, als hätte er diese Ehe hier geschlossen.

Von politischen Strafen
überhaupt.

F. Wann kann ein politisches Verbrechen bestrafet werden?

A. Ein politisches Verbrechen kann
nur dann bestrafet werden, wenn es entdeckt,
und bewiesen ist.

Wie

F. Wie wenn der Thäter nebst dem politischen Verbrechen sich zugleich eines Kriminalverbrechens schuldig gemacht hat?

A. So ist er alsogleich dem Kriminalrichter zu übergeben, der dann die Strafe nach dem Kriminalverbrechen auszumessen, und selbe des politischen Verbrechens wegen zu verschärfen hat.

F. Wenn jemand seine Strafe ausgestanden hat, ist er dadurch von der Verbindlichkeit enthoben, dem Beleidigten Genugthuung zu leisten?

A. Keineswegs, denn die Strafe geschieht zur Besserung des Verbrechers und zum allgemeinen Beispiele, dadurch daß der Thäter bestrafet wird, gelangt der Beleidigte noch nicht zu dem, was ihm durch die Beleidigung entzogen worden.

F. Welche sind die politischen Strafen, die künftig verhänget werden können?

A. Die politischen Strafen, die künftig verhänget werden können, sind folgende:
I. Züchtigung mit Schlägen.
II. Ausstellung auf der Schandbühne.
III. Arrest.
IV. Oeffentliche Arbeit in Eisen.
V. Abschaffung aus einem bestimmten Orte.

G 4   Kön-

F. Können nicht auch Geldstrafen verhänget werden?

A. Geldstrafen können in dem einzigen Falle der verbotenen Spiele verhänget werden.

F. Was ist von der Züchtigung mit Schlägen zu merken?

A. Von der Züchtigung mit Schlägen ist zu merken, daß sie entweder für sich allein als Strafe bestimmet; oder durch selbe eine andere Strafe verschärfet werden könne.

F. Wie muß die Züchtigung mit Schlägen geschehen?

A. Die Züchtigung mit Schlägen muß allemal öffentlich geschehen.

F. Wieviele Streiche können gegeben werden?

A. Dem Manne können auf einmal nicht mehr, als fünfzig Haselnußstockstreiche, dem Weibe auf einmal nicht mehr als dreißig Karbatschstreiche von Ochsenzähm, oder mit Ruthen gegeben werden.

F. Wohin sind diese Streiche zu geben?

A. Diese Streiche sind nicht auf den Rücken, oder die Schenkel, sondern auf die Backen des Hintern zu geben, und ist zu diesem Ende der Verbrecher auf eine Bank liegend auszustrecken.

Wie

F. Wie geschieht die Ausstellung auf der Schandbühne?

A. Bei der Ausstellung auf der Schandbühne wird der Verurtheilte in Eisen geschlossen, an einem Orte, der eine Menge Volk zu fassen fähig ist, auf einem erhöhten Gerüst, mit entblößtem Haupte, bewachet, um Mittagszeit durch eine Stunde der öffentlichen Schau ausgestellet, und in einer vor der Brust hangenden Tafel mit einigen Worten das begangene Verbrechen angezeigt. Diese Ausstellung kann entweder nur für ein einzigesmal, oder zum zweyten, und drittenmale verhänget werden.

F. Wie vielfach sind die politischen Arreste?

A. Die politischen Arreste sind entweder strengere, oder gelindere.

F. Wie wird der zum strengen Arrest Verurtheilte behandelt?

A. Der zum strengen Arrest Verurtheilte wird auf folgende Art behandelt: es werden ihm I. Eisen an die Füsse geschlagen, 2. bloß Bretter zur Liegerstatt angewiesen, 3. keine Besuche, als in Beyseyn einer obrigkeitlichen Person gestattet, 4. kein anderes Getränk, als Wasser zugelasgelassen, und f. angemessene Arbeit zugewiesen.

F: Wie wird der zum gelinderen Arreste Verurtheilte behandelt?

A. Der zum gelinderen Arrest Verurtheilte wird mit Anschlagung der Eisen verschonet, und wenn er sich seine Nahrung aus eigenen Mitteln, oder aus freywilliger, nicht durch Betteln erzwungener Unterstützung seiner Anverwandten, oder Freunde zu verschaffen vermag, wird ihm auch seine Beschäftigung selbst überlassen; Doch bleiben auch diesem alles Bettgewand, und Strohsäcke, wenn sie gleich aus Eigenem beigeschaffet werden wollten, verboten.

F. In welchen Fällen kann der Hausarrest wider jemanden verhänget werden?

A. Der Hausarrest kann in jenen Fällen, wo in dem Gesetz gelinder Arrest zur Strafe bestimmt ist, wider den Verstümmelten, welcher von Adel, oder in einem öffentlichen Amte, oder ein Gewerbsmann von sonst untadelichem Lebenswandel ist, verhänget werden.

F. Wozu verpflichtet der Hausarrest den dazu Verurtheilten?

Der

A. Der Hausarrest verpflichtet den dazu Verurtheilten, sich während der zuerkannten Strafzeit in seiner Wohnung zu halten, und sich daraus unter keinem Vorwande zu entfernen.

F. Auf wie vielerlei Arten kann der Hausarrest verhänget werden?

A. Der Hausarrest kann entweder mit Aufstellung einer Wache, eines obsichtbaren Auges, oder gegen Versprechen und dem Richter gegebenen Handschlag des Verurtheilten, daß er sich der Strafe genau unterziehen werde, verhänget werden.

F. Wie, wenn derjenige, dem der Hausarrest zuerkannt worden, sich aus seinem Hause entfernete?

A. So muß er den Arrest für die ganze in dem Urtheil bestimmte Zeit in dem öffentlichen Gefängniß aushalten.

F. Wie kann die Verschärfung des Arrestes geschehen?

A. Die Verschärfung des Arrestes kann durch Fasten geschehen, daß nemlich dem Verurtheilten währender Strafzeit keine andere Nahrung, als Wasser und Brod zugelassen wird.

Wie

F. Wie lang dauert die Strafe des Arrestes, oder der öffentlichen Arbeit?

A. Die Strafe des Arrestes, oder der öffentlichen Arbeit dauert entweder von einem Tag bis auf ein Monat, oder von einem Monat bis auf ein Jahr.

F. Wie weit kann sich die Abschaffung aus einem bestimmten Orte erstrecken?

A. Die Abschaffung aus einem bestimmten Orte kann sich nur auf einen einzigen Ort erstrecken, und die Freyheit des Verurtheilten, sich in jedem anderen Orte seine Nahrung zu suchen, nicht beschränken.

F. Aus welchem Orte kann der Verurtheilte nicht abgeschaffet werden?

A. Der Verurtheilte kann weder aus seinem Geburtsorte, noch aus jenem Orte, wo er sich zehn Jahre aufgehalten hat, abgeschaffet werden, er hätte sich dann der Sodomie, oder des Verbrechens der Kuppeley schuldig gemacht.

Von

Von den politiſchen Verbrechen, die dem Leben, oder der Geſundheit der Mitbürger Gefahr, oder Schaden bringen.

F. Wie werden jene, die auch ohne böſe Abſicht durch Verkauf einer Giftwaare ihrem Nächſten einen Schaden zugefügt, oder auch nur einen entfernten Anlaß zur Beſchädigung gegeben haben, und wie werden die Apothecker beſtrafet, welche entweder verbotene Arzneyen verkaufet, oder dieſelben falſch zubereitet haben?

A. Es iſt zu unterſcheiden, ob der Verbrecher unmittelbaren Schaden zugefüget, und dann iſt die Strafe hartes Gefängniß, oder öffentliche Arbeit nicht unter einem Monat, aber auch nicht über ein Jahr; war aber des Verbrechers That nur die entfernte Gelegenheit zur Beſchädigung, ſo iſt die Strafe ſtrengeres Gefängniß von einem Tag bis auf ein Monat.

F. Wie wird die Sorgloſigkeit in der Aufſicht über Kinder oder andere gebrechliche und ſich ſelbſt zu ſchützen unfähige Menſchen beſtrafet, z. B. wenn

eine

eine Kindsmagd mit einem Kinde am
Waſſer gienge, und ſelbes aus ihrer
Nachläſſigkeit in das Waſſer fallen
ließe?

A. Insgemein iſt die Strafe dieſes Verbrechens gelindes Gefängniß von einem Tage
bis auf ein Monat. Wenn aber der Tod
oder eine ſchwere Verwundung erfolget wäre,
z. B. wenn einem Blinden aus Nachläſſigkeit ſeines Führers die Beine abgeführet
worden wären, oder wenn das in das Waſſer
gefallene Kind erſäuft wäre, ſo müßte die
Strafe des Gefängniſſes durch Faſten, oder
Züchtigung mit Streichen verſchärfet werden.

F. Wie iſt jener zu beſtrafen, der jemanden durch ſchnelles Reiten oder Fahren beſchädiget oder wohl gar getödtet hat?

A. Wer jemanden durch ſchnelles
Reiten oder Fahren beſchädiget oder gar
getödtet hat, wird nach dem Grade ſeiner
Sorgloſigkeit bald mit gelinderem bald mit
ſtrengerem Gefängniß, welches aber nie-
mals über ein Monat dauren kann, beſtrafet.

Wie

F. Wie werden jene beſtrafet, welche
ſich aus einer Provinz, gegen welche
wegen Gefahr der Peſt eine Kontumaz
geordnet iſt, auf was immer für eine
Art betrüglich einſchleichen, oder Waa-
ren herüber bringen?

A. Dergleichen Verbrecher werden dem
Militärgericht übergeben, und von demſelben nach jenen Geſetzen abgeurtheilt, die
zur Sicherheit der Erbländer nach Verhältniß der Gefahr zu erlaſſen nöthig ſeyn wird.

F. Wie werden jene beſtrafet, welche
ſolche Handlungen unternehmen, die
dem allgemeinen Geſundheitsſtande
ſchädlich oder gefährlich ſeyn können,
z. B. die todtes Vieh in einen Bach,
Brunnen oder Fluß werfen, bei einer
Viehſeuche die vorgeſchriebenen Vor-
ſichten übertreten, die an ihrem Vieh
entdeckten Zeichen der Wuth anzuzei-
gen unterlaſſen, an gangbaren Orten
Fangeiſen und Fänggruben ausgraben
u. dergl.

A. Diejenigen werden mit öffentlicher
Arbeit in, oder ohne Eiſen, deren Dauer
nach Verhältniß des zugefügten Schadens
beſtimmet wird, abgeſtrafet.

Von

Von den politischen Verbrechen, wodurch das Vermögen oder die Rechte der Bürger gekränkt werden.

F. Wer macht sich eines Diebstahles schuldig, der als ein politisches Verbrechen behandelt wird?

A. Eines Diebstahles, der als ein politisches Verbrechen behandelt wird, macht sich schuldig, der ein fremdes bewegliches Gut, dessen Werth nach der Wienerwährung im Ganzen bis 25 fl. oder weniger beträgt, einem, oder mehreren Besitzern oder Eigenthümern ohne ihr Vorwissen und Einwilligung auf einmal, oder zu wiederholtenmalen, betrüglicher Weise entzieht, wofern die Art der Entziehung nicht mit einem der im I. Theile bei dem Diebstahl von No. III. bis No. XIII. enthaltenen beschwerenden Umständen begleitet ist. Denn wenn einer dieser Umstände eintritt, so ist der Diebstahl auch bei geringerem Werthe ein Kriminalverbrechen.

F. Kann ein Dieb-ſtahl nicht auch bei einem
Werthe über 25 fl ein bloß politiſches
Verbrechen ſeyn?

A. Allerdings, denn Holzentfremdun-
gen in freyen, nicht eingefangenen Waldungen, Wilddiebſtähle, die von einem der
Jagdbarkeit nicht befugten Thäter auf was
immer für eine Art, obgleich allenfalls auf
eigenem Grunde unternommen worden, und
Entfremdungen der Feld- und Baumfrüchte
auf offenem Felde ſind allzeit politiſche
Diebſtähle, wenn gleich der Werth des ent-
fremdeten Holzes, Wildes oder der Feldfrüch-
te am Werthe mehr, als 25 fl betragen
ſollten.

F. Wann macht ſich ein Dienſtbot eines
Diebſtahls ſchuldig, der als politiſches Verbrechen zu betrachten iſt?

A. Ein Dienſtbot macht ſich eines
Diebſtahles, der als ein politiſches Verbrechen zu beſtrafen iſt, ſchuldig, ſowohl,
wenn er ſeinem Dienſtherrn das demſelben
eigenthümliche Gut, welches unter 25 fl
werth iſt, entzieht, als auch, wenn er wiſſentlich eine für ſeinen Dienſtherrn erkaufte
Waare in höherem Preiſe aufrechnet, als
ſie bezahlet worden, oder, wenn er ſchlech-
tere Waare, oder ſelbs in geringerem Ge-

$\mathfrak{H}$ wichs

wicht liefert, als in welchem sie von ihm
angegeben, und von dem Dienstherrn bezahlet worden.

F. Welche ist die Strafe des politischen
    Verbrechens des Diebstahles?

A. Die Strafe des politischen Verbrechens des Diebstahles ist nach dem Grade
des Betrugs und des zugefügten Schadens
Arrest, Züchtigung mit Streichen, oder
andere Verschärfung; bei Wiederholung dieses Verbrechens ist die Vorsicht zu treffen,
daß von Seite der Polizey die künftige Auf-
führung des Thäters genau beobachtet werde.

F. Wie werden jene bestrafet, die in ei-
    nem erlaubten Spiele was immer für
    einen Betrug begehen?

A. Das Gesetz macht folgenden Unterschied: Wenn der Thäter durch falsches Spie-
len seinen Unterhalt gewinnt, und gleichsam
ein Gewerb daraus macht, oder wenn er solche Personen betrogen hat, die nicht die
freye Verwaltung ihres Vermögens haben,
z. B. Minderjährige, erklärte Verschwen-
der u. dergl. oder, wenn der Betrogene einen beträchtlichen Schaden erlitten hat, oder
endlich wenn der Betrug so künstlich war,
daß man nicht leicht ausweichen konnte, so
ist die Strafe Ausstellung auf der Schand-
                                        bühne

bühne und öffentliche Arbeit, außer dieſen
Fällen aber ſtrenges Gefängniß von einem
Tag bis auf ein Monat. Fremde werden
auf der Schandbühne ausgeſtellet, und aus
den ſämmtlichen Erblanden abgeſchaffet.

F. Was für ein Recht hat der Betrogene
    gegen den falſchen Spieler?

A. Der Betrogene hat wider den falſchen Spieler das Recht, von dieſem den
Betrag des Gewinnes vom ganzen Spiele
zu fodern, in welchem der falſche Spieler
auch nur bei einem einzigen Fall des Betru-
ges überwieſen worden wäre.

F. Welche ſind an dieſem Verbrechen
    Mitſchuldig?

A. An dieſem Verbrechen ſind mit-
ſchuldig, die zur Ausübung des Betrugs
auf was immer für eine Art wiſſentlich mitgewirket, oder einem Dritten in der Abſicht,
damit der Betrug ausgeübet werde, Unterricht ertheilet haben.

F. Welche iſt die Strafe der Mitſchuld?

A. Die Strafe der Mitſchuld iſt ge-
ſindes Gefängniß von einem Tag bis auf ein
Monat, welches aber nach Umſtänden
durch Faſten verſchärfet werden kann. Auf
ertheilten Unterricht iſt die Strafe ſtrenges
Gefängniß von einem Tag bis auf ein Mo-

H 2   nat.

hat. Uibrigens kann der Beschädigte den
Ersatz auch an den Mitschuldigen fodern,
in soweit er ihn von dem Betrüger selbst
nicht erhalten kann.

F. Wie wird jener bestrafet, der was
immer für ein verbotenes Spiel spielet?

A. Jener, der was immer für ein
verbotenes Spiel spielet, oder in dessen
Wohnung ein solches Spiel gespielet wird,
soll für jeden Fall mit 300 Dukaten bestrafet werden.

F. Wird jeder einzelne, oder werden
alle Spieler zusammen um 300 Dukaten bestrafet?

A. Jeder einzelne Spieler wird um
300 Dukaten bestrafet.

F. Wohin wird diese Strafe abgeführt?

A. Diese Strafe wird zur Landesstelle
abgeführt, und der Anzeiger bekömmt ein
Drittheil. Und wäre der Anzeiger ein Mit-
spielender selbst gewesen, so wird ihm nicht
nur die Strafe für seine Person nachgesehen, sondern er bekömmt noch das Drittheil von der Strafe, welche die übrigen
erlegen müssen.

Wie

F. Wie, wenn jemand die Geldſtrafe nicht
erlegen könnte?

A. So wird er mit gelinderem Gefängniß von einem Tag bis auf ein Monat beleget.

F. Wie wird jener beſtrafet, der bei einem erlaubten Verkauf einer Waare
dieſelbe über die vorgeſchriebene Taxe,
oder nach falſchem Maaß und Gewicht
verkaufet?

A. Insgemein wird er mit gelindem
Gefängniß von einem Tag bis auf ein Monat beſtrafet, doch iſt dieſe Strafe zu verſchärfen, wenn der Betrug durch längere
Zeit verübet, oder hart zu entdecken war,
oder wenn das Publikum beträchtlich beſchädiget worden.

F. Wie werden jene beſtrafet, die einen anderen durch erſonnene Vorſpiege-
lungen zu muthwilligen Streitigkei-
ten oder Beſchwerführungen verleiten?

A. Insgemein mit gelinderem Gefängniß von einem Tag bis auf ein Monat,
doch iſt dieſe Strafe durch Züchtigung mit
Streichen, Faſten, allenfalls auch durch
Ausſtellung auf der Schandbühne zu verſchärfen, wenn der Thäter mit dieſer Art
Betrugs gleichſam Gewerb treibet, wenn

H 3 dabei

dabei beträchtliche Gelderpressungen unter-
gelaufen, wenn Unterthanen gegen ihre Ob-
rigkeiten aufgehetzet worden sind, wenn sich
in den überreichten Schriften falscher An-
gebungen, boshafter Wendungen, und un-
anständiger Ausdrücke bedienet worden, oder
wenn eine bereits vorgegangene Strafe ohne
Wirkung verblieben ist. Fremde werden
aus sämmtlichen Erblanden abgeschaffet.

F. Wie wird der Ehebruch bestrafet?

A. Der Ehebruch wird durch Züchtigung mit Streichen, oder mit durch Fasten
verschärftem Gefängniß von einem Tag bis
auf ein Monat bestrafet, doch wird diese Strafe nachgesehen, sobald der beleidigte Theil
sich erkläret, daß er dem schuldigen Gatten
vergeben, und mit demselben in ehelicher
Verbindung leben wolle.

F. Wie wird jener bestrafet, der ohne
Dispensation einen Ehekontrakt mit Ver-
schweigung eines ihm bekannten in den
Landesgesetzen gegründeten Hinder-
nisses schließt, und sich trauen (ko-
puliren) läßt, oder der in ein fremdes Land reist, um daselbst eine Ehe
zu schließen, zu der er nach den Landesgesetzen nicht berechtiget wäre, oder
wie werden jene Aeltern bestrafet, welche

che ihre Kinder wider deren Willen zu
einer Ehe auf solche Art zwingen, die
die Nichtigkeit des Ehekontraktes nach
sich zieht?

A. Die Strafe ist hier strengeres Gefängniß von einem Tag bis auf ein Monat,
auch öffentliche Arbeit. Der Verführer ist
strenger zu bestrafen. Auch ist die Strafe
zu verschärfen, wenn dem andern Ehegatten das Hinderniß ganz verborgen geblieben,
mithin derselbe unschuldig in eine nichtige
Ehe gezogen worden wäre.

F. Was für ein Recht hat der unschuldige Theil?

A. Der unschuldige Theil hat das
Recht der Genugthuung und vollkommenen
Entschädigung gegen den Thäter.

F. Wie werden Dienstboten bestrafet,
die von mehreren Dienstgebern zugleich
Darangeld annehmen, nach angenom-
menem Darangelde den Dienst nicht an-
treten, aus dem Dienste, ohne die in
der Dienstbotenordnung enthaltenen
Umstände entweichen, ihrem Dienstge-
ber mit Schimpfworten, oder auf andere unanständige Art begegnen, oder
ihm durch offenbare Nachlässigkeit
Schaden verursachen?

Auf

A. Auf ausdrückliche Anklage des beleidigten Dienstherrn ist der Verbrecher mit Streichen zu züchtigen, oder nach Umständen bald zum strengeren, bald zum gelinderen Gefängniß, doch nicht über ein Monat, zu verurtheilen.

F. Wie wird der Dienstherr bestrafet, der ein falsches Dienstzeigniß ausstellet?

A. Die Strafe ist gelindes Gefängniß von einem Tag bis auf ein Monat.

F. Wie werden jene bestrafet, welche Schmähschriften und Schandbilder wider eine Person verfassen?

A. Insgemein mit gelindem Gefängniß von einem Tag bis auf ein Monat, nach Umständen aber, und nach Unterschied der geschilderten Person auch mit strengem Gefängniß, Ausstellung auf der Schandbühne und Züchtigung mit Streichen. Jene, welche dergleichen Schriften und Bilder verbreiten, werden mit gelindem Gefängniß, doch nicht über ein Monat bestrafet, nach Umständen aber ist diese Strafe durch Fasten zu verschärfen.

F. Wie werden jene bestrafet, welche unvorsichtige Handlungen begehen, woraus Feuer entstehen könnte, z. B. auf Hausböden, in Stallungen, Toback schmau-

schmauchen, diese Oerter mit freyem
Licht betreten, u. dergl. c.

A. Die Strafe ist gelindes Gefängniß
nicht über ein Monat, bei besonderem Grade
der Unvorsichtigkeit auch Züchtigung mit
Streichen, wenn auch wirklich noch kein Schaden entstanden wäre.

F. Wie werden jene bestrafet, welche
Muthwillen auf öffentlicher Strasse
treiben, z. B. wenn jemand den anderen auf der Gasse bespritzt, angießt,
durch geflissentliches Zudrängen nieder-
wirft u. s. w.?

A. Nach dem Grade des Muthwillens
und des zugefügten Schadens ist die Strafe
Gefängniß bald von längerer bald von kür-
zerer Dauer, oder öffentliche Arbeit, oder
Ausstellung auf der Schandbühne, oder Züchtigung mit Streichen.

Von Verbrechen, die zum Verderbnisse der Sitten führen.

F. Wie wird gegen jene verfahren, die
an öffentlichen Orten, oder in Gegenwart anderer Menschen, durch Reden

den, Schriften, oder Handlungen
Gott lästern?

A. Sie werden in dem Tollhause so
lang gefänglich angehalten, bis man von
ihrer Besserung vergewisset ist, denn wer
den Gebrauch der gesunden Vernunft hat,
der muß Gott kennen, und wer Gott ken-
net, der kann ihn nicht lästern, es ist also
gewiß, daß der Gotteslästerer den Gebrauch
der gesunden Vernunft nicht haben könne.

F. Wie werden jene bestrafet, die eine
öffentliche gottesdienstliche Uibung
der herrschenden, oder einer gedulde-
ten Religion geflissentlich stöhren, in
Gotteshäusern Ausgelassenheit treiben, Geräthschaften, die zum Got-
tesdienst gehören, mißhandeln?

A. Die Strafe ist strenges Gefängniß von einem Tag bis auf ein Monat,
welches durch Fasten, und Züchtigung
mit Streichen verschärfet werden kann,
wenn großes Aergerniß gegeben worden.

F. Wie wird jener bestrafet, der jemanden durch List und boshafte Ränke
zum Abfall vom kristlichen Glauben
und zur Verläugnung aller Religion,
oder zur Annahme einer, die wider
das Evangelium ist, verleitet?

Die

A. Die Strafe ist Ausstellung auf
der Schandbühne und strenges Gefängniß
von einem Tag bis auf ein Monat.

F. Wie wird jener bestrafet, der einer
der herrschenden Religion zugethanen
Gemeinde offenbare Irrlehre einflößt,
und sie von ihrer Religion abzuwen=
den sucht?

A. Die Strafe ist strenges Gefängniß von
einem Monat bis auf ein Jahr.

Von fleischlichen Vergehun=
gen.

Remissive.

Von anderen politischen Verbre=
chen, die zum Verderbniß der Sitten
führen.

F. Wie wird jener bestrafet, der mit
verbotenen Büchern, oder mit Gemäl=
den und Schildereyen, welche unzüchtige
Handlungen vorstellen, Handel treibt,
oder außerden durch die Obrigkeit gestat=
teten Belustigungsorten in Maske oder
anderer Verkleidung erscheinet, sich in
geheime Zusammenkünfte oder Verbrü=
derun=

derungen einläßt, welche der Obrigkeit nicht angezeigt werden, oder Jemanden, ohne es der Obrigkeit anzu-
zeigen, in seiner Wohnung Unterstand
giebt, dessen ehrbarer Nahrungsstand
ihm nicht bekannt ist?

A. Die Strafe ist gelindes Gefängniß
von einem Tage bis auf ein Monat. Die
verbotenen Bücher, Gemälde und Schildereyen werden dem Schuldigen abgenommen,
und vertilgt.

F. Wie wird jener, der aus einem gewissen Orte verwiesen ist, wenn er wäh-
rendem Verbot in diesen Ort zurückkeh-
ret, abgestrafet?

A. Er wird, wenn er auch kein anderes Verbrechen begangen hat, der blossen
Rückkehr wegen mit strengem Gefängniß,
doch nicht über ein Monat abgestrafet, oder
mit Streichen gezüchtiget, und wird diese
Strafe bei jedesmaliger Rückkehr verdoppelt.

F. Wie wird jener bestrafet, der aus
den sämmtlichen Erbländern abgeschaffet worden, und ohne Erlaubniß wieder zurückgekehret ist?

A. Die Strafe ist Züchtigung mit
Streichen, die bei jeder wiederholten Rückkehr

sehr zu verdoppeln sind. Zugleich ist der Schuldige, wenn er auch kein anderes Verbrechen begangen, oder sich seit seiner Rückkehr ordentlich und ohne Ausstellung betragen hätte, wieder aus den hiesigen Ländern abzuschicken.

ENDE